Online-Marketing ohne Budget

Daniel Gremm

Online-Marketing ohne Budget

50 einfache Anleitungen für mehr Erfolg als Selbständiger, Start-up oder KMU

Springer Gabler

Daniel Gremm
Mettmann, Deutschland

ISBN 978-3-658-43778-7 ISBN 978-3-658-43779-4 (eBook)
https://doi.org/10.1007/978-3-658-43779-4

Die Deutsche Nationalbibliothek verzeichnet diese Publikation in der Deutschen Nationalbibliografie; detaillierte bibliografische Daten sind im Internet über http://dnb.d-nb.de abrufbar.

Planung/Lektorat: Rolf-Guenther Hobbeling
Springer Gabler ist ein Imprint der eingetragenen Gesellschaft Springer Fachmedien Wiesbaden GmbH und ist ein Teil von Springer Nature.
Die Anschrift der Gesellschaft ist: Abraham-Lincoln-Str. 46, 65189 Wiesbaden, Germany

Das Papier dieses Produkts ist recyclebar.

Passt dieses Buch zu dir?

Ganz ehrlich: Dieses Buch passt nicht zu jedem. Soll es auch nicht. Everybodys darling is everbodys depp. OK, das ist zwar etwas platt, trifft es aber ganz gut. In meinen inzwischen 25 Jahren Online-Marketing-Praxis – ok, jetzt fühle ich mich alt – habe ich viele Menschen getroffen, denen ich dieses Buch NICHT empfehlen würde. Nicht, weil es ihnen nicht helfen würde. Es würde schlicht und einfach nicht zu ihnen als Typ passen. Das ist letztlich wie bei Schuhen: Nur wenn sie einem wirklich passen, nutzt und trägt man sie auch. Deshalb bitte ich dich vorab um eine „Anprobe" meines Buches.

Ich stelle dir jetzt sechs Fragen, um dessen ehrliche Antwort ich dich bitte. Du brauchst nur jeweils JA oder NEIN zu sagen. Und du ahnst es wahrscheinlich schon: Bei mindestens einem NEIN „drückt der Schuh". Dann passt das Buch einfach nicht. That's life. So, los gehts.

Willst du wirklich etwas tun?

Ja, das meine ich so, wie ich es frage. Die Deutschen sind weltweit auch für Bedenkenträgerei und Jammerei bekannt. Wir diskutieren häufig mehr als wir letztlich umsetzen. Das ist nicht immer ein Problem. Wenn du aber ein Arbeitsbuch wie dieses in der Hand hältst, ist einfach

Also: Plane Scheitern bewusst mit ein, denn auf deinem Erfolgsweg wirst du gewinnen oder lernen, aber nie verlieren. Außer, du hörst auf zu lernen.

Du bist nicht perfektionistisch?

Es gibt NICHTS auf der Welt, was perfekt ist. Aber einige Menschen glauben tatsächlich, sie müssten das widerlegen. Im Ernst: Planung ist durchaus sinnvoll, man kann es aber auch übertreiben. Beispiel Microsoft: In den ersten Jahren von Microsoft wurde die Software bewusst „unfertig" verkauft bzw. man hat den Kunden als Beta-Tester genutzt. Einige behaupten, dass wäre heute immer noch so. Das bedeutet konkret, dass du dir zwar beim Online-Marketing Mühe geben solltest. Planst du aber zu lang verlierst du zu viel Zeit und damit Umsatz und Ertrag. Deshalb gilt Perfektionismus auch als wirtschaftlicher Selbstmord.

Neigst du dazu, perfektionistisch zu sein, solltest du dir das abtrainieren. Mit diesem Buch wirst du in jedem Fall nicht glücklich werden, wenn du darauf hinarbeitest.

Du willst dir Ziele setzen?

Nur wer Ziele hat, kann sie auch erreichen. Auch das ist eine Binsenweisheit. Trotzdem belegen immer wieder Studien, dass viele Unternehmen keine Ziele haben. OK, viele wollen bekannter werden, Umsatz steigern oder auch Kunden generieren. Aber das sind keine Ziele, maximal sind das Richtungen. Denn, wenn du einen Euro mehr Umsatz machst oder einen Kunden generierst, werden die wenigsten Vorgesetzten jubeln. Richtig, es fehlt bei beiden Richtungen die Quantität und die Terminierung, also „bis wann wieviel". So könnte beispielsweise ein Umsatz-Ziel „10 % mehr Produkt-A-Verkäufe bis Jahresende" lauten. Das kann man dann auch messen, optimieren und reporten.

Da die Festlegung der Ziele häufig eine Aufgabe des Managements ist, muss hier nachgefragt und nachgehakt werden. Wenn keine Ziele festgelegt sind, können keine dafür passenden Maßnahmen ausgewählt und umgesetzt werden. Damit wäre wieder die Effektivität und Effizienz in Gefahr, du würdest also nur mit Glück „das Richtige richtig machen".

Ein weiterer Tipp: Wenn du dir die Ziele im Management abholst, prüfe, ob die langfristigen Ziele visionär und leidenschaftlich sind. Die kurzfristigen Ziele hingegen sollten realistisch und motivierend sein. Diese Kombi hat sich psychologisch (Stichwort: dran bleiben) und wirtschaftlich (Stichwort: größtmöglicher Erfolg) als die sinnvollste herausgestellt.

Du hast sechsmal mit JA geantwortet? Dann passt dieses Buch perfekt zu dir!

Inhaltsverzeichnis

Über den Autor

Daniel Gremm Moin, ich bin Daniel Gremm. Mit über 25 Jahren Praxis-Erfahrung in der Online-Marketing-Branche habe ich mich darauf spezialisiert, sowohl Einsteigern als auch erfahrenen Marketern fundiertes Wissen in Kombination mit praxisnahen Umsetzungsstrategien zu vermitteln. Mein Ansatz: nicht nur über Theorie sprechen, sondern die Inhalte lebendig, interaktiv und vor allem anwendungsbezogen gestalten. 10.000+ erfolgreiche Teilnehmer und Kunden stehen hinter mir.

Ich bin dankbar, immer wieder auf eine gute Kinderstube, ein erfolgreich-abgeschlossenes BWL-Studium und vor allem auf viele Jahre Erfahrung als Angestellter und Führungskraft zurückgreifen zu können. Freenet, United Internet und Dr. Klein (Hypoport) sind hier nur einige Stationen meines beruflichen Werdegangs.

Abbildungsverzeichnis

um erfolgreich wirken zu können (Stichwort: Download). Eine Blume blüht auch nur kurz, wenn du sie nicht regelmäßig gießt.

Natürlich können die aufgeführten Anleitungen niemals alle Wege sein, die zu deinem Ziel führen. Mit der Zeit wirst du weitere Wege finden. Dafür habe ich dir am Schluss jedes Kapitels bewusst ein paar Notizseiten frei gelassen, auf denen du deine Learnings ebenso notieren kannst, wie deine eigenen Anleitungen. So wird dieses Buch zu deinem persönlichen Arbeitsbuch. Außerdem bitte ich dich, meine empfohlenen Wege mit deinen Erfahrungen zu ergänzen und/oder sie bei Bedarf anzupassen. Je mehr du mit und in diesem Buch arbeitest, desto mehr hilft es dir auf dem Weg zu deinem Ziel.

Einige Instrumente, wie beispielsweise Social-Media, SEO oder Podcast, kommen mehrfach im Buch bzw. in verschiedenen Kapiteln vor. Das liegt daran, dass einige Instrumente sowohl für das eine Ziel als auch für das andere Ziel sinnvoll eingesetzt werden können. Das unterstreicht die Relevanz der genutzten Instrumente. Die partiellen Redundanzen sind somit gewollt bzw. wegen der Relevanz nicht vermeidbar.

Vergiss bitte nicht Kap. 7 „Warum Web Analyse wichtig war, ist und bleibt" zu lesen und zu beherzigen. Denn nur mit stetigem Auswerten und Optimieren wird dein Erfolg stetig mitwachsen.

So, nun leg los!

2 Mehr verkaufen

2.1 Verstehe deine Zielgruppe

Stell dir vor, du wärst ein Detektiv. Nicht der Sorte, die in dunklen Gassen herumschleicht, sondern einer, der das World Wide Web durchforstet, um die verborgenen Wünsche und Bedürfnisse deiner potenziellen Kunden aufzuspüren. Du musst nicht Sherlock Holmes heißen, um herauszufinden, was deine Zielgruppe wirklich will. Das Einzige, was du brauchst, ist Neugier und die Bereitschaft, ein paar digitale Steine umzudrehen. Bereit? Dann legen wir los!

Schritt 1: Definiere, wen du erreichen möchtest
Klar, du könntest jetzt einfach wild drauflos posten, aber das wäre so, als würdest du mit verbundenen Augen Dartpfeile werfen und hoffen, dass einer die Scheibe trifft. Nicht sehr effektiv, oder? Deshalb: Ziel anvisieren!

Stell dir vor, wer genau das braucht, was du anzubieten hast. Ist es die alleinerziehende Mutter, die nach effektiven Fitnessübungen für zuhause sucht? Oder der frischgebackene Uni-Absolvent, der seinen ersten Anzug fürs Vorstellungsgespräch braucht? Male dir diese Person aus.

D. Gremm, *Online-Marketing ohne Budget*,
https://doi.org/10.1007/978-3-658-43779-4_2

Wie alt ist sie? Was macht sie in ihrer Freizeit? Welche Probleme hat sie, die du lösen kannst?

Und nein, „jeder" ist keine Zielgruppe. Wenn du versuchst, alle anzusprechen, sprichst du am Ende niemanden wirklich an. Spezifisch sein ist das Zauberwort! Schreibe jetzt alles auf, was deinen Wunschkunden auszeichnet.

Schritt 2: Nutze Google Trends, um nach relevanten Suchanfragen in deinem Bereich zu suchen

Jetzt wird's digital-detektivisch: Zeit für Google Trends (https://trends.google.com/trends). Das kostenlose Tool ist wie eine Schatzkarte, die dir zeigt, wo das Gold – also das Interesse deiner Zielgruppe – vergraben ist. Tippe Begriffe ein, die mit deinem Produkt oder deiner Dienstleistung zu tun haben und siehe da: Du bekommst eine hübsche Grafik, die dir zeigt, wie oft diese Begriffe relativ im Zeitverlauf gesucht wurden.

Aber das ist nicht nur ein Popularity-Contest. Du siehst auch, in welcher Region deine Begriffe besonders heiß sind. Vielleicht entdeckst du, dass Leute in Berlin ganz verrückt nach Bio-Hundefutter sind, während in München mehr nach Yoga-Kursen für Anfänger gesucht wird. Diese Infos sind pures Gold, denn sie helfen dir, deine Marketing-Botschaften zu lokalisieren und zu personalisieren.

Fang jetzt an, in Google Trends nach deinen Nuggets zu schürfen.

Schritt 3: Erstelle einfache Online-Umfragen und teile sie in sozialen Netzwerken, um direktes Feedback zu erhalten

Der letzte Schritt ist wie der direkte Draht zu deinen zukünftigen Kunden. Du musst mit ihnen reden – oder noch besser: Lass sie zu dir sprechen. Online-Umfragen sind wie ein Megafon, das du deiner Zielgruppe gibst.

Nutze kostenlose Tools wie SurveyMonkey (https://www.surveymonkey.de), um ein paar kurze Fragen zu basteln. Und keine Angst, das muss keine Doktorarbeit sein. Ein paar gezielte Fragen reichen. Du willst wissen, was sie bewegt, welche Probleme sie haben und wie du ihnen helfen kannst.

Dann streue deine Umfragen in den sozialen Netzwerken. Teile sie in Gruppen, auf deiner Seite, überall. Sei dabei nicht schüchtern, aber auch nicht zu aufdringlich. Ein „Hey, hilf mir zu verstehen, was du wirklich brauchst" kommt besser an als ein „Füll das aus, jetzt!"

Jetzt sitzt du da mit einer Goldmine an Informationen, ohne auch nur einen Cent ausgegeben zu haben. Du weißt, wer deine Zielgruppe ist, was sie interessiert und was sie wirklich braucht. Und das Beste: Du hast eine Verbindung zu ihnen aufgebaut, bevor du auch nur ein Produkt oder eine Dienstleistung verkauft hast. Du bist kein anonymer Verkäufer mehr – du bist derjenige, der wirklich versteht und liefert.

Also, pack deine Detektivlupe weg und mach′ dich ans Werk. Deine Zielgruppe wartet auf dich!

2.2 Eindeutige Verkaufsbotschaft

Bevor wir uns ins Getümmel stürzen, lass uns eines klarstellen: In der Welt des Online-Marketings ohne Budget ist deine Verkaufsbotschaft der heilige Gral. Sie ist der leuchtende Leuchtturm in der stürmischen See des Internets, der die Schiffe – in diesem Fall Kunden – sicher in deinen Hafen führt. Hier zählt nicht Masse, sondern Klasse. Also, wie schmiedest du diese Waffe, um die Herzen (und Geldbeutel) deiner Kunden zu erobern? Folge einfach den folgenden drei Schritten!

Schritt 1: Notiere, was dein Produkt/deine Dienstleistung einzigartig macht

Nimm ein Blatt Papier oder öffne ein leeres Dokument und werde zum Wortkünstler deines Produkts oder deiner Dienstleistung. Was ist das Besondere daran? Hast du beispielsweise die schnellste Lieferzeit? Ist dein Kundenservice so persönlich, dass sich jeder Kunde wirklich wie ein König fühlt? Bietet dein Produkt eine Lösung, die so innovativ ist, dass die Konkurrenz so alt aussieht wie ein Nokia 3310?

Lass dir eins klar gesagt sein: Hier ist kein Platz für Bescheidenheit. Hier wird nicht „ganz nett" gespielt. Dein Produkt oder deine

Hier kommt Web Analytics ins Spiel. Nutze kostenlose Tools wie Matomo (https://matomo.org), um zu sehen, wo deine zukünftigen Kunden kalte Füße bekommen. Achte auf hohe Absprungraten oder Seiten, auf denen die Besucher nicht lange verweilen. Diese Daten sind wie Fußspuren, die dir zeigen, wo die Reise ins Stocken gerät.

Fang jetzt an, mit Matomo die Reise deiner Kunden unter die Lupe zu nehmen.

Schritt 3: Optimiere diese „Engpässe", z. B. durch bessere CTAs oder weniger Ablenkungen

Jeder Engpass ist eine Chance zur Verbesserung. Ist dein CTA (Call-to-Action) wirklich überzeugend? „Jetzt kaufen" ist nett, aber „Sicher dir dein Exemplar, bevor es zu spät ist!" hat mehr Feuer.

Sind deine Seiten überladen? Dann entrümpel sie! Jedes zusätzliche Menü, jeder unnötige Button kann deine Kunden vom rechten Weg abbringen. Mach′ es ihnen so einfach wie möglich, ohne Verwirrung direkt zum Ziel zu kommen.

Und vergiss nicht, diese Änderungen immer wieder (!) zu testen. A/B-Testing kann dir zeigen, welche Änderungen die Konversionsraten verbessern und welche nicht. Optimieren ist ein Prozess, kein Projekt.

Du hast es geschafft: Dein Verkaufs-Trichter ist kein Mysterium mehr. Mit klaren Schritten, aufmerksamer Beobachtung und cleverer Optimierung hast du jetzt einen Trichter, der so glatt ist, dass deine Kunden sanft und sicher zum Kauf gleiten. Und wieder: Das alles ohne einen Cent auszugeben. Nur mit deinem Know-how, etwas Zeit und einer Prise Kreativität.

Jetzt aber ran an die Trichter – es gibt viel zu tun!

2.4 Einsatz von Social Proof

Social Proof – das ist, als würdest du in ein Restaurant kommen, das bereits voller zufriedener Gäste ist. Das strahlt Vertrauen aus, und genau das willst du auch für deine Online-Präsenz erreichen. Menschen vertrauen Menschen, d. h. auf die Meinungen anderer – ganz egal, ob sie diese kennen oder nicht. Ein gut platzierter Social Proof kann den Unterschied machen zwischen „Mal schauen" und „Ich muss das haben!".

Also, packen wir es an!

Schritt 1: Sammle Kundenbewertungen und -erfahrungen

Okay, du hast dein Produkt oder deine Dienstleistung verkauft. Und jetzt? Jetzt ist die Zeit gekommen, wo du nachfassen musst. Frag deine Kunden direkt nach einer Bewertung. Sei dabei echt, sei authentisch. Sag ihnen, wie wichtig ihr Feedback für dich und für andere Kunden ist. Du kannst das persönlich machen, via E-Mail, oder über ein Follow-up nach dem Kauf.

Und nur keine Scheu – die meisten Menschen geben gern Feedback, besonders, wenn sie mit deinem Produkt oder Service sehr zufrieden sind. Und falls du mal eine nicht so glänzende Bewertung bekommst? Auch gut, das zeigt, dass du echt bist und bietet dir die Chance zu beweisen, wie gut du mit Kritik umgehen kannst.

Fang jetzt an und frag die ersten Kunden nach einer Bewertung.

Schritt 2: Zeige diese Bewertungen auf deiner Produktseite und Startseite

Jetzt hast du diese Goldklumpen von Bewertungen gesammelt, dann ist es an der Zeit, sie auch glänzen zu lassen. Platziere sie nicht irgendwo auf deiner Website, wo sie keiner sieht – mach´ sie zum Star!

Setze sie direkt auf deine Startseite und Produktseite. Sorge dafür, dass sie leicht zu finden und zu lesen sind. Das gibt potenziellen Kunden das gute Gefühl, dass sie nicht die Ersten sind, die den Sprung zu dir wagen. Es ist wie eine stille Empfehlung, die flüstert: „Dieses Produkt hat bereits anderen gefallen, es wird auch dir gefallen."

Aber Vorsicht: Bleibe immer authentisch. Fang nie an, Bewertungen zu verändern oder gar selbst zu schreiben. Dazu zählt auch der Kauf von Bewertungen. Das zerstört nicht nur langfristig das Vertrauen des Kunden sondern ist zudem illegal.

Logge dich jetzt in deinem Content-Management-System (CMS) ein und zeige der Welt auf deiner Website deine Bewertungen.

Schritt 3: Ermutige zufriedene Kunden, ihre Erfahrungen auf Social-Media-Plattformen zu teilen
Wenn Kunden von deinem Produkt begeistert sind, bitte sie darum, ihre Begeisterung auf Social-Media-Plattformen zu teilen. Du kannst sogar einen kleinen Anreiz schaffen, wie einen Rabatt auf den nächsten Kauf, wenn sie ihre Erfahrung posten und dich taggen. Achte aber darauf, dies bei der Bewertung zu erwähnen, um kein rechtliches Risiko einzugehen.

Mit kostenlos nutzbaren Tools wie beispielsweise EmbedSocial (https://embedsocial.com) kannst du Bewertungen auf Social-Media-Plattformen einfach und chic in deine Website einbinden.

Perfekt! Jetzt hast du den Social Proof erfolgreich in dein Portfolio aufgenommen. Diese Kundenbewertungen und Erfahrungsberichte sind wie persönliche Empfehlungen, die rund um die Uhr für dich arbeiten. Lass die Welt wissen, dass dein Produkt der Hit ist, und beobachte, wie die Vertrauenspunkte und damit die Verkaufszahlen steigen. Mit dem richtigen Einsatz von Social Proof wird dein Online-Marketing ohne Budget zu einer Mundpropaganda-Maschine.

Jetzt mach´ dich ran und lass die guten Worte für dich sprechen!

2.5 Cross-Selling

Stell dir vor, du bist in deiner Lieblingspizzeria. Du bestellst eine Pizza und der Kellner fragt: „Möchtest du nicht vielleicht noch einen knackigen Salat dazu?" Das ist die Kunst des Cross-Sellings. Aber wie wendest du diese Techniken an, ohne dass es sich für deine Kunden anfühlt, als würdest du ihnen einfach nur mehr verkaufen wollen? Es geht darum, den Wert für den Kunden zu erhöhen, nicht nur deinen Umsatz. Also, schnapp dir deine Speisekarte der Möglichkeiten und lass´ uns loslegen!

Schritt 1: Liste verwandte Produkte/Dienstleistungen auf
Zuerst brauchst du eine klare Vorstellung davon, was du zusätzlich anbieten kannst. Wenn du Schuhe verkaufst, sind das vielleicht Schuhpflegemittel oder stylische Socken. Bietest du Online-Kurse an? Dann könnte ein zusätzliches E-Book oder ein Webinar das Lernerlebnis erweitern.

Erstelle jetzt eine Liste all dieser Produkte oder Dienstleistungen, die logisch zu dem passen, was dein Kunde bereits im Warenkorb hat. Es geht hier um Relevanz – du willst, dass dein Kunde sich denkt: „Das macht Sinn, das könnte ich wirklich gebrauchen!"

Schritt 2: Biete diese im Check-out-Prozess und auf der Produktseite als zusätzliche Option an
Nun, wo du deine zusätzlichen Schätze hast, musst du sie geschickt platzieren. Beim Online-Check-out, genau wie bei unserer Pizzeria, kannst du eine kleine Erinnerung einbauen: „Viele Kunden, die diesen Artikel gekauft haben, interessierten sich auch für…"

Auf der Produktseite kannst du es als „Ergänze deinen Kauf" oder „Kaufe das Komplettpaket" präsentieren. Es ist wie das Auslegen von Bonbons an der Kasse – manchmal kann niemand widerstehen, noch ein bisschen mehr zu nehmen.

Kostenlose Shop-Systeme wie WooCommerce (https://de.wordpress.org/plugins/woocommerce) für WordPress machen das Integrieren besonders einfach.

Schritt 3: Hebe den Mehrwert der zusätzlichen Produkte hervor
Das ist der wichtigste Teil. Es geht nicht nur darum, mehr zu verkaufen, sondern den Kunden zu zeigen, wie sie mehr Wert aus ihrem Kauf schöpfen können. Betone, wie dieses zusätzliche Produkt ihr Erlebnis verbessert, ihre Probleme löst oder ihr Leben einfacher macht.

Wenn jemand ein Smartphone kauft, zeige auf, wie eine Hülle das neue Gerät schützt. Verkaufst du ein Fitness-Abonnement? Ein Ernährungsplan könnte der Schlüssel sein, um die Ziele des Kunden zu erreichen. Mach´ es offensichtlich, dass das Cross-Sell-Produkt das ist, was bisher in ihrem Leben gefehlt hat – auch wenn sie es bis gerade eben noch nicht wussten.

Voilà! Mit diesen Schritten hast du das Rezept für erfolgreiches Cross-Selling in der Tasche. Es ist wie beim Kochen: Die Zutaten müssen zusammenpassen, und das Timing ist entscheidend. Mach´ es richtig, und deine Kunden werden mit mehr als nur dem, was sie ursprünglich wollten, glücklich und zufrieden gehen. Sie werden das Gefühl haben, einen echten Mehrwert bekommen zu haben – und du? Du

Schritt 1: Mache oder besorge hochauflösende Fotos von deinen Produkten
Fang damit an, deine Produkte ins rechte Licht zu rücken. Du brauchst kein teures Kamera-Equipment – heutzutage machen selbst Smartphones atemberaubende Fotos. Wichtig ist gutes Licht, also nutze das Tageslicht oder eine einfache Softbox, und einen sauberen, unaufdringlichen Hintergrund, der dein Produkt zum Star macht.

Aber was, wenn du kein physisches Produkt hast? Kein Problem! Erstelle hochauflösende Bilder, die deine Dienstleistung oder dein Angebot symbolisieren, einfach mit KI-Tools. Beispielsweise mit Adobes Firefly, u. a. integriert im kostenlosen Tool Adobe Express (https://www.adobe.com/de/express). Achte nur darauf, dass sie zu deiner Marke und Botschaft passen.

Schritt 2: Erstelle einfache Produktvideos
Jetzt wird's bewegt! Videos haben die Power, deinen potenziellen Kunden ein reales Erlebnis zu bieten. Zeige dein Produkt in Aktion, erkläre seine Vorteile oder erstelle eine kurze Anleitung. Das muss nicht kompliziert sein – eine ruhige Hand, ein Smartphone und vielleicht ein einfaches Schnittprogramm reichen aus. Schau dir hierzu beispielsweise das kostenlose Microsoft-Programm Clipchamp (https://clipchamp.com/de/video-editor) einmal an.

Dein Video muss nicht Oscar-reif sein, Authentizität zählt. Menschen verbinden sich mit Menschen, also zeig′ dich oder dein Team, wenn ihr über das Produkt sprecht. Das schafft Vertrauen und Persönlichkeit.

Schritt 3: Integriere diese Medien auf deiner Website
Nun, da du deine visuellen Helden hast, ist es Zeit, sie in die Welt zu schicken. Binde die Bilder und Videos auf deiner Website ein, wo sie die meiste Aufmerksamkeit bekommen: auf der Startseite, bei den Produktbeschreibungen oder in einem eigenen Galerie-Bereich.

Stelle sicher, dass sie schnell laden und auf allen Geräten gut aussehen. Nichts schreckt mehr ab als ein hochauflösendes Bild, das zu langsam lädt oder ein Video, das auf einem Handybildschirm schlecht aussieht. Videos kannst du beispielsweise kostenfrei bei YouTube in einem eigenen Kanal hochladen und einfach in deine Website einbinden.

Mit diesen Schritten bist du gut aufgestellt, um mit visueller Exzellenz zu glänzen. Erinnerst du dich an die Pizzeria von vorhin? Deine Bilder und Videos sind wie der verführerische Duft von frisch gebackener Pizza – sie ziehen die Leute an und machen Lust auf mehr. Also: Film ab!

2.8 Vertrauensbildung

In der Online-Welt ist Vertrauen das A und O. Ohne Vertrauen kein Klick auf den Kaufen-Button, keine Weiterempfehlung, keine loyalen Kunden. Wie baust du also Vertrauen auf, besonders wenn du gerade erst anfängst? Es ist wie beim Bauen eines Hauses – Stein für Stein. Beginnen wir mit den Grundlagen.

Schritt 1: Liste alle Zertifikate, Sicherheitssiegel oder Mitgliedschaften, die du hast
Alles, was deine Glaubwürdigkeit und Zuverlässigkeit unterstreicht, ist Gold wert. Hast du Zertifikate von anerkannten Institutionen? Sicherheitssiegel, die zeigen, dass deine Website sicher ist? Bist du Mitglied in relevanten Branchenverbänden? All das sind Zeichen, die Vertrauen schaffen.

Selbst wenn du denkst, dass du noch nichts in der Art hast, grab ein wenig tiefer. Vielleicht gibt es Online-Kurse, die du absolviert hast, oder lokale Handelskammer-Verbindungen. Alles zählt!

Schritt 2: Zeige diese prominent auf deiner Website
Nun, da du deine Vertrauensbausteine hast, ist es an der Zeit, sie zur Schau zu stellen. Sie sollten nicht in irgendeiner Ecke deiner Website versteckt sein, sondern einen prominenten Platz bekommen.

Platziere sie auf deiner Startseite, im Header oder in der Nähe von Call-to-Action-Buttons. Du könntest auch eine eigene Seite mit dem Titel „Warum uns vertrauen?“ erstellen, auf der du deine Zertifikate, Mitgliedschaften und Sicherheitssiegel präsentierst. Denke daran: Je sichtbarer, desto besser.

Schritt 3: Biete transparente Informationen über deine Geschäftspraktiken
Transparenz ist der Schlüssel zur Vertrauensbildung. Sei offen darüber, wie dein Geschäft funktioniert. Das umfasst alles von den Versandbedingungen bis hin zur Datenschutzerklärung.

Antworte klar und deutlich auf häufig gestellte Fragen. Veröffentliche eine leicht verständliche Datenschutzerklärung und AGBs. Stelle sicher, dass deine Kontaktinformationen leicht zu finden sind. Wenn Menschen sehen, dass du nichts zu verbergen hast und dass du bereit bist, ihre Fragen zu beantworten, bauen sie Vertrauen zu dir und deinem Unternehmen auf.

Auch der sichere Umgang mit sensiblen Daten zahlt auf dein Vertrauenskonto ein. Verschlüssele deshalb den Datenstrom zwischen deinen Besuchern und deiner Website. Du erkennst eine sichere Website am „s" im https der URL oder am Schloss-Symbol im Browser. Und das Beste: Das gibt's mit Let's Encrypt (https://letsencrypt.org/de) sogar kostenlos.

Vertrauen aufzubauen ist ein kontinuierlicher Prozess, aber mit diesen Schritten legst du ein solides Fundament. Es ist, als würdest du deinen Kunden eine Brücke bauen. Eine Brücke, die stark genug ist, um ihre Zweifel zu tragen und sie sicher und zufrieden ans Ziel ihrer Kundenreise zu führen. Mit echten Zertifikaten, sichtbarer Transparenz und einem offenen Ohr für Kundenfragen wirst du eine Marke aufbauen, der Menschen gerne ihr Vertrauen schenken.

2.9 Lokales Online-Marketing

Willkommen in der Welt des lokalen Online-Marketings! Gerade für kleinere Unternehmen oder solche mit einem physischen Standort ist dies ein unverzichtbarer Bestandteil deiner Marketing-Strategie. Es geht darum, dort sichtbar zu sein, wo deine Kunden sind – und das ist oft in ihrer unmittelbaren Umgebung. Hier sind die drei Schritte, die du unternehmen kannst, um in der lokalen Online-Welt Fuß zu fassen.

Schritt 1: Registriere dich bei Google My Business

Google My Business (GMB, https://www.google.com/intl/de_DE/business) ist wie dein digitales Schaufenster auf Google. Es ist kostenlos und unverzichtbar, um lokal gefunden zu werden. Insbesondere in der Google-Suche. Du kennst bestimmt die Google Maps, die bei lokal-affinen Suchen häufig an erster Stelle im Suchergebnis steht.

Gehe jetzt auf die Google My Business-Seite und klicke auf „Jetzt starten". Folge den Anweisungen, um dein Geschäft hinzuzufügen. Stelle sicher, dass du eine Kategorie wählst, die am besten zu deinem Geschäft passt, da dies beeinflusst, bei welchen Suchanfragen du erscheinst.

Schritt 2: Fülle alle Informationen aus und verifiziere dein Geschäft

Nun geht es ans Eingemachte. Fülle jedes Feld in deinem GMB-Profil aus, das Sinn macht. Dazu gehören mindestens dein Standort, Öffnungszeiten, Kontaktinformationen und eine Beschreibung deines Unternehmens. Je mehr sinnvolle Informationen du bereitstellst, desto besser.

Die Verifizierung ist ein wichtiger Schritt, um zu beweisen, dass dein Geschäft echt ist. Google wird dir einen Verifizierungscode per Post an deine Geschäftsadresse schicken. Sobald du diesen Code erhältst, gib ihn in deinem GMB-Konto ein, um den Prozess abzuschließen.

Schritt 3: Fordere Kunden auf, Bewertungen auf deinem Google My Business-Profil zu hinterlassen

Bewertungen sind wie Goldstaub für lokales Online-Marketing. Sie erhöhen nicht nur deine Sichtbarkeit, sondern bauen auch Vertrauen bei potenziellen Kunden auf.

Fordere zufriedene Kunden auf, eine Bewertung zu hinterlassen. Das kannst du persönlich tun, durch Aushänge in deinem Geschäft oder über Follow-up-E-Mails nach einem Kauf. Sei dabei höflich und dankbar, aber nie aufdringlich. Jede positive Bewertung ist ein weiterer Schritt, um dein Unternehmen als vertrauenswürdige lokale Autorität zu etablieren.

DanielGremm

Mehr Verkaufen Checkliste

Verstehe deine Zielgruppe:

- ☐ Zielgruppe definiert.
- ☐ Google Trends für relevante Suchanfragen genutzt.
- ☐ Online-Umfragen erstellt und geteilt.

Eindeutige Verkaufsbotschaft:

- ☐ Einzigartigkeit des Produkts/Dienstleistung notiert.
- ☐ Verkaufsbotschaft formuliert.
- ☐ Verkaufsbotschaft prominent platziert.

Optimiere deinen Verkaufs-Trichter:

- ☐ Schritte des Verkaufstrichters aufgelistet.
- ☐ Engpässe identifiziert.
- ☐ Engpässe optimiert.

Einsatz von Social Proof:

- ☐ Kundenbewertungen gesammelt.
- ☐ Bewertungen prominent dargestellt.
- ☐ Zufriedene Kunden zum Teilen ermutigt.

Upselling und Cross-Selling:

- ☐ Verwandte Produkte/Dienstleistungen aufgelistet.
- ☐ Zusätzliche Optionen im Check-out integriert.
- ☐ Mehrwert der zusätzlichen Produkte hervorgehoben.

E-Mail-Marketing:

- ☐ E-Mail-Tool ausgewählt.
- ☐ Anmeldeformular integriert.
- ☐ Regelmäßige E-Mails an Abonnenten gesendet.

Qualitätsbilder und -videos:

- ☐ Hochauflösende Fotos erstellt/besorgt.
- ☐ Produktvideos erstellt.
- ☐ Medien auf Webseite integriert.

Vertrauensbildung:

- ☐ Zertifikate und Siegel aufgelistet.
- ☐ Diese auf der Webseite angezeigt.
- ☐ Transparente Informationen bereitgestellt.

Lokales Online Marketing:

- ☐ Bei Google My Business registriert.
- ☐ Alle Informationen ausgefüllt und verifiziert.
- ☐ Kundenbewertungen angefordert.

Regelmäßige Aktualisierungen:

- ☐ Erinnerungen für Überprüfungen gesetzt.
- ☐ Inhalte regelmäßig aktualisiert.
- ☐ Feedback zur Anpassung von Inhalten genutzt.

Abb. 2.1 Checkliste „Mehr verkaufen". (Quelle: Eigene Darstellung)

Alle Checklisten dieses Buchs zum Ausdrucken und Arbeiten findest du als kostenlosen Download unter https://www.daniel-gremm.de/wp/wp-content/2023/11/Online-Marketing-ohne-Budget-Checklisten.pdf

Deine Notizen

. . . .

. . . .

. . . .

. . . .

. . . .

. . . .

. . . .

. . . .

. . . .

. . . .

. . . .

. . . .

. . . .

. . . .

. . . .

. . . .

Deine Notizen

3 Mehr Traffic bzw. mehr Besucher

3.1 Suchmaschinenoptimierung (SEO)

Suchmaschinenoptimierung (SEO) ist das digitale Äquivalent zum Goldschürfen im Wilden Westen. Statt nach Gold suchst du nach Sichtbarkeit und Relevanz in den Suchmaschinen. Richtig gemacht, kann SEO die magische Zutat sein, die dein Online-Geschäft auf die ersten Plätze im Suchergebnis katapultiert. Hier sind drei Schritte, um deine SEO-Strategie auf den richtigen Weg zu bringen.

Schritt 1: Recherchiere relevante Keywords für dein Geschäft mit Tools wie Google Keyword Planner

Keywords sind die Leuchtfeuer, die den Weg zu deiner Website weisen. Sie sind die Worte und Phrasen, die deine potenziellen Kunden in Suchmaschinen eingeben. Um die richtigen Keywords zu finden, brauchst du die richtigen Tools. Der Google Keyword Planner (https://ads.google.com/intl/de_de/home/tools/keyword-planner) ist ein solches Tool – kostenlos, wenn du ein Google Ads-Konto hast.

Gib im Keyword Planner ein paar grundlegende Begriffe ein, die dein Geschäft oder deine Branche beschreiben, und sieh′ dir die Vorschläge

D. Gremm, *Online-Marketing ohne Budget*,
https://doi.org/10.1007/978-3-658-43779-4_3

an. Achte auf Keywords mit einem relevant hohen Suchvolumen, nicht zu hohen Streuverlusten und zugleich nicht zu hoher Konkurrenz. Es ist ein Balanceakt: Du willst gefunden werden, aber nicht in einem Meer von Riesen untergehen.

Schritt 2: Erstelle dazu passenden Content, der Kundenprobleme löst oder Kundenziele leichter erreichbar macht

Jetzt, da du deine Keywords hast, ist es Zeit, sie zu verwenden. Aber Achtung: Es geht nicht darum, sie wahllos zu streuen. Dein Content sollte immer noch in erster Linie wertvoll für deine Leser sein.

Erstelle beispielsweise Blogbeiträge, Leitfäden, Videos oder Infografiken, die echte Probleme lösen oder echte Ziele deiner Kunden unterstützen. Nutze dabei deine Keywords, um sicherzustellen, dass deine Inhalte in den Suchergebnissen auftauchen. Denke daran: Qualität vor Quantität. Google liebt Inhalte, die Nutzern wirklich helfen.

Schritt 3: Arbeite an Backlinks durch Gastbeiträge oder Partnerschaften

Backlinks sind wie digitale Empfehlungen und für Google ein Zeichen, dass deine Seite vertrauenswürdig und relevant ist. Aber wie bekommst du diese Backlinks? Eine Möglichkeit sind Gastbeiträge. Schreibe hochwertige Inhalte für Blogs oder Websites in deiner Branche und verlinke zurück zu deiner eigenen Seite.

Eine andere Methode ist, Partnerschaften mit anderen Unternehmen oder Influencern einzugehen. Das könnte ein gemeinsames Projekt sein, ein Interview oder eine andere Form der Zusammenarbeit, die natürlich und sinnvoll ist.

Aber niemals, wirklich niemals solltest du Backlinks kaufen oder anderweitig Relevanz vortäuschen. Sobald das Google entdeckt, wirst du dafür mit Rankingverlust bestraft.

SEO ist ein Marathon, kein Sprint. Es dauert seine Zeit, bis die Ergebnisse sichtbar werden. Aber mit der richtigen Strategie und einem stetigen Fokus auf qualitativ hochwertigen Content, passenden Keywords und starken Backlinks wirst du deine Online-Präsenz stärken und mehr relevante Besucher auf deine Seite ziehen.

3.2 Regelmäßige Blogbeiträge

Ein Blog ist wie ein ständig sprudelnder Brunnen, der frisches, sauberes Wasser – in Form von Informationen, Unterhaltung und Lösungen – an deine Zielgruppe liefert. Ein gut gepflegter Blog kann ein mächtiges Werkzeug sein, um Traffic auf deine Website zu lenken, deine Expertise zu zeigen und eine Beziehung zu deinen Kunden aufzubauen. Aber wie fängst du an? Und wie hältst du den Strom der Inhalte am Laufen? Hier sind drei Schritte.

Schritt 1: Erstelle einen Content-Plan basierend auf Themen, die deine Zielgruppe interessieren

Bevor du auch nur ein Wort schreibst, brauchst du einen Plan. Was interessiert deine Zielgruppe? Welche Probleme haben sie, und wie kannst du ihnen helfen, diese zu lösen? Vielleicht bist du im Fitnessbereich tätig und deine Zielgruppe sucht nach Tipps für schnelle Workouts zu Hause. Oder du verkaufst Gartengeräte und deine Kunden wollen wissen, wie sie ihren Garten winterfest machen.

Nutze kostenlose Tools wie Google Trends (https://trends.google.com), um zu sehen, wonach die Leute suchen, und erstelle dann einen Content-Plan. Dieser Plan sollte eine Mischung aus Themen enthalten – einige zeitlos, andere aktuell. Plane im Voraus und stelle sicher, dass du eine gute Mischung hast.

Schritt 2: Veröffentliche regelmäßig neue Beiträge

Konsistenz ist der Schlüssel. Ob wöchentlich, zweiwöchentlich oder monatlich – finde einen Rhythmus, der für dich funktioniert und bei dem du dich wohl fühlst. Deine Leser sollten wissen, wann sie neues Material von dir erwarten können.

Gleichzeitig ist Qualität wichtiger als Quantität. Es ist besser, einmal im Monat einen wirklich guten, hilfreichen Beitrag zu veröffentlichen, als jede Woche etwas Mittelmäßiges.

3.4 Nutzung von kostenlosen Online-Tools

In einer Welt, in der jeder nach Mehrwert sucht, können kostenlose Online-Tools und Ressourcen wahre Magneten für deine Zielgruppe sein. Sie sind nicht nur nützlich, sondern positionieren dich auch als hilfreiche und vertrauenswürdige Quelle in deinem Bereich. Aber wie gehst du das an? Lass' uns einen Blick darauf werfen.

Schritt 1: Überlege, welche Tools oder Ressourcen für deine Zielgruppe nützlich sein könnten
Der erste Schritt besteht darin, genau zu verstehen, was deine Zielgruppe benötigt und wertschätzt. Bist du im Gesundheits- und Fitnessbereich tätig? Vielleicht wäre ein einfacher Kalorienrechner oder ein Trainingsplan-Generator nützlich. Arbeitest du im Finanzsektor? Ein Budgetrechner oder eine Vorlage für Finanzpläne könnte von großem Interesse sein.

Denke über die täglichen Herausforderungen und Bedürfnisse deiner Zielgruppe nach. Welche kleinen Hilfsmittel könnten ihr Leben einfacher machen? Die Antwort auf diese Frage ist der Schlüssel zur Entwicklung eines Tools, das wirklich Anklang findet.

Schritt 2: Entwickle einfache, kostenlose Tools oder Ressourcen und stelle sie auf deiner Webseite zur Verfügung
Jetzt kommt der kreative Teil. Mit den Bedürfnissen deiner Zielgruppe im Hinterkopf, entwickle ein Tool oder eine Ressource, die dieses Bedürfnis adressiert. Dies muss nicht kompliziert sein. Kostenlos nutzbare KI-Tools wie beispielsweise ChatGPT (https://chat.openai.com) können dir dabei helfen, einfache Tools oder PDF-Ressourcen zu erstellen.

Das Ziel ist es, etwas zu schaffen, das leicht zu nutzen ist und echten Wert bietet. Sobald dein Tool fertig ist, stelle es auf deiner Website zur Verfügung. Du kannst es als Download oder interaktives Feature anbieten – je nachdem, was am besten zu deinem Tool passt.

Schritt 3: Bewerbe deine Tools in Social-Media und durch E-Mail-Marketing

Wenn dein Tool bereit ist, lass′ die Welt davon wissen. Nutze deine Social-Media-Plattformen, um es zu bewerben. Erstelle Posts, die zeigen, wie das Tool funktioniert und welchen Nutzen es hat. Du kannst auch kurze Videos oder Tutorials erstellen, die seine Funktionen und Vorteile hervorheben.

Vergiss nicht dein E-Mail-Marketing. Eine Ankündigung oder ein Newsletter, der auf dein neues Tool hinweist, kann bestehende Kunden zurück auf deine Seite bringen und neue Interessenten anziehen.

Kostenlose Online-Tools und Ressourcen sind eine fantastische Möglichkeit, Wert zu bieten und gleichzeitig Traffic und Engagement für deine Website zu steigern. Sie zeigen, dass du dich um die Bedürfnisse deiner Zielgruppe kümmerst und bereit bist, nützliche Lösungen anzubieten, ohne sofort etwas zurückzuverlangen. Mit der richtigen Promotion können diese Tools zu einem wichtigen Teil deiner Online-Marketing-Strategie werden.

3.5 Webinar- und Online-Kurse

In einer Welt, in der Wissen Macht ist, sind Webinare und Online-Kurse deine Superkräfte. Sie sind nicht nur ein Mittel, um Wissen zu teilen, sondern auch eine hervorragende Möglichkeit, Vertrauen aufzubauen, deine Expertise zu zeigen und Menschen auf deine Website zu locken. Aber wie setzt man sie effektiv ein? Lass' uns das in drei Schritten herausfinden.

Schritt 1: Wähle ein Thema, das für deine Zielgruppe von Interesse ist

Der Schlüssel zu einem erfolgreichen Webinar oder Online-Kurs liegt darin, ein Thema zu wählen, das deine Zielgruppe wirklich fasziniert. Was sind die brennendsten Fragen, die sie haben? Welche Probleme wollen oder müssen sie lösen? Welche Fähigkeiten wollen sie erlernen?

Wenn du im Marketingbereich tätig bist, könnte das ein Kurs über die Grundlagen von SEO oder Social-Media-Strategien sein. Bist du im Gesundheitssektor? Vielleicht ist ein Webinar über gesunde Ernährung oder Stressmanagement gefragt. Deine Themenwahl sollte sich an den Interessen und Bedürfnissen deiner Zielgruppe orientieren.

Bei der Wahl des Themas solltest du aber auch immer deinen Wettbewerb im Blick haben. Ist das von dir geplante Thema schon gut und umfassend von einem Wettbewerber umgesetzt worden, dann braucht deine Zielgruppe das nicht auch von dir.

Schritt 2: Erstelle ein Webinar oder einen Online-Kurs
Jetzt ist es Zeit, dein Wissen in eine strukturierte und ansprechende Form zu bringen. Für ein Webinar kannst du kostenlos nutzbare Tools wie beispielsweise Zoom (https://explore.zoom.us/de) nutzen. Diese Plattformen erlauben es dir, live mit deinem Publikum zu interagieren, Fragen zu beantworten und Echtzeit-Feedback zu erhalten.

Für Online-Kurse gibt es Plattformen wie z. B. Udemy (https://www.udemy.com/de), die dir helfen, deinen Kurs zu strukturieren, Lektionen hochzuladen und mit deinen Teilnehmern zu kommunizieren. Achte darauf, dass dein Inhalt klar, informativ und ansprechend ist. Gute Präsentationen, interaktive Elemente und eventuell Arbeitsblätter oder Zusatzmaterialien können den Wert deines Kurses erhöhen.

Schritt 3: Bewerbe diese Lernressourcen, um Besucher auf deine Website zu ziehen
Sobald dein Webinar oder Kurs fertig ist, ist es Zeit, die Trommeln zu rühren. Nutze deine Social-Media-Plattformen, um Ankündigungen zu machen und Teaser zu teilen. E-Mail-Marketing kann auch hier ein mächtiges Werkzeug sein, um deine bestehenden Kontakte zu informieren und sie zur Teilnahme zu ermutigen.

Vergiss nicht, die Vorteile der Teilnahme hervorzuheben. Was werden die Teilnehmer lernen? Wie wird es ihnen helfen, ihre Ziele zu erreichen? Ein gut platzierter Call-to-Action, der sie dazu auffordert, sich anzumelden oder mehr zu erfahren, kann den Unterschied ausmachen.

Webinare und Online-Kurse sind nicht nur fantastische Wege, um Wissen zu teilen und Wert zu bieten, sondern auch um deine Marke zu stärken und deine Online-Präsenz zu erweitern. Mit der richtigen Planung, Erstellung und Promotion können diese Bildungsressourcen einen tiefgreifenden Einfluss auf dein Geschäft und deine Zielgruppe haben.

3.6 Infografiken erstellen

Infografiken sind wie die Gewürze in der Suppe des digitalen Contents – sie machen Informationen schmackhaft, leicht verdaulich und visuell ansprechend. In einer Welt, in der Menschen von Informationen überschwemmt werden, helfen dir Infografiken, aus der Masse herauszustechen. Aber wie erstellt man effektive Infografiken? Hier ist dein Wegweiser in drei Schritten.

Schritt 1: Finde interessante Daten oder Fakten in deiner Branche
Der erste Schritt zu einer großartigen Infografik ist die Recherche. Du brauchst fesselnde, relevante Informationen, die deine Zielgruppe interessieren. Das können Statistiken, Trends, historische Daten oder Vergleiche sein. Stelle sicher, dass deine Daten zuverlässig und aktuell sind.

Zwei Beispiele: Bist du in der Fitnessbranche tätig, könnten Daten über die Vorteile regelmäßigen Trainings oder Trends in der Heimfitness interessant sein. Im Bereich der erneuerbaren Energien könnten es Fakten über die Nutzung und Entwicklung verschiedener Energiequellen sein.

Schritt 2: Gestalte eine ansprechende Infografik mit Tools wie Canva
Jetzt, wo du deine Informationen hast, ist es Zeit, sie zum Leben zu erwecken. Kostenlos nutzbare Tools wie Canva (https://www.canva.com/de_de) bieten Vorlagen und Designelemente, die auch Nicht-Designern helfen, professionell aussehende Infografiken zu erstellen. Wähle ein klares, übersichtliches Layout, das deine Daten ansprechend präsentiert.

Achte darauf, dass deine Infografik deine Markenfarben, -schriften und -logos enthält, um Konsistenz und Wiedererkennung zu gewährleisten. Halte das Design einfach und den Fokus auf die wichtigsten Informationen, um Überladung zu vermeiden.

Bei längeren Videos empfiehlt sich zudem eine Unterteilung der Videos in mehrere Abschnitte bzw. Kapitel, damit deine Zielgruppe sofort zu den für sie relevanten Inhalten springen kann.

Mit diesen Schritten kannst du das enorme Potenzial von YouTube- und Videomarketing für dein Unternehmen ausschöpfen. Videos können dir helfen, eine stärkere und emotionalere Verbindung zu deiner Zielgruppe aufzubauen und deine Botschaft auf eine Weise zu verbreiten, die Texte und Bilder allein nicht können.

3.8 Podcast-Gastgeber oder -Gast

Podcasts sind wie das Radio des 21. Jahrhunderts – sie bieten eine persönliche, einnehmende und flexible Art, Inhalte zu konsumieren. Ob du nun selbst einen Podcast startest oder als Gast in bestehenden Podcasts auftrittst, beides bietet fantastische Möglichkeiten, um deine Reichweite zu erweitern und deine Expertise zu teilen. Lass′ uns diese Welt in drei Schritten erkunden.

Schritt 1: Identifiziere relevante Podcasts in deiner Branche
Dein erster Schritt in die Welt der Podcasts ist die Recherche. Suche nach Podcasts, die sich mit Themen rund um deine Branche beschäftigen. Höre dir einige Episoden an, um ein Gefühl für den Stil und die Inhalte zu bekommen. Sind sie formell oder informell? Diskutieren sie Branchentrends oder konzentrieren sie sich auf persönliche Geschichten?

Diese Recherche gibt dir nicht nur eine Vorstellung davon, wo du als Gast auftreten könntest, sondern auch, wie du deinen eigenen Podcast gestalten könntest, falls du beschließt, einen zu starten.

Schritt 2: Entweder starte deinen eigenen Podcast oder biete dich als Gast für existierende Podcasts an
Wenn du entscheidest, deinen eigenen Podcast zu starten, überlege dir ein einzigartiges Konzept, das deine Zielgruppe anspricht. Denke an Format, Häufigkeit der Episoden und Themen, die du abdecken möchtest. Es gibt viele Tools und Plattformen, die den Einstieg in das

Podcasting vereinfachen, von Aufnahmesoftware bis hin zu Veröffentlichungsdiensten. Ein komplett kostenloses Tool ist beispielsweise Spotify for Podcasters (ehemals Anchor, https://podcasters.spotify.com).

Als Alternative zum eigenen Podcast kannst du dich als Gast für bestehende Podcasts anbieten. Kontaktiere die Gastgeber mit einer kurzen, aber überzeugenden Nachricht, in der du deine Expertise und mögliche Themen, über die du sprechen könntest, vorstellst. Zeige auf, welchen Mehrwert du für ihre Hörer bieten kannst.

Schritt 3: Nutze diese Plattform, um über Themen zu sprechen, die Besucher auf deine Website bringen

Egal, ob du Gastgeber bist oder als Gast auftrittst, nutze die Plattform, um Themen zu diskutieren, die deine Zielgruppe interessieren. Teile nützliche Informationen, Geschichten und Einblicke, die Hörer nicht nur unterhalten, sondern auch dazu anregen, mehr über dich und dein Unternehmen erfahren zu wollen.

Am Ende der Episode vergiss bitte nicht, auf deine Website oder spezielle Angebote hinzuweisen. Gib den Hörern einen Grund, deine Seite zu besuchen, sei es für weitere Informationen, exklusive Inhalte oder spezielle Angebote.

Die Teilnahme an der Podcast-Welt, sei es als Gastgeber oder Gast, ist eine hervorragende Möglichkeit, deine Botschaft zu verbreiten, deine Marke zu stärken und eine tiefere Verbindung mit deinem Publikum aufzubauen. Mit der richtigen Vorbereitung und Strategie kann dies zu einer bedeutenden Quelle für Website-Traffic und Kundenbindung werden.

3.9 Optimiere die Ladegeschwindigkeit deiner Webseite

Eine schnelle Website verbessert nicht nur das Nutzererlebnis, sondern beeinflusst auch dein Ranking in Suchmaschinen positiv. In den folgenden drei Schritten erfährst du, wie du die Geschwindigkeit deiner Website optimieren kannst.

Schritt 1: Nutze Tools wie Google PageSpeed Insights, um die Geschwindigkeit deiner Website zu überprüfen
Bevor du mit der Optimierung beginnst, musst du wissen, wo du stehst. Kostenlose Tools wie Google PageSpeed Insights (https://pagespeed.web.dev) sind hierfür unverzichtbar. Gib einfach die URL deiner Webseite ein, und das Tool liefert dir detaillierte Einblicke in die Ladegeschwindigkeit deiner Seite und identifiziert Bereiche, die verbessert werden können.

Schritt 2: Befolge die gegebenen Empfehlungen
Die Ergebnisse von Tools wie PageSpeed Insights enthalten eine Liste von Empfehlungen zur Verbesserung der Geschwindigkeit deiner Webseite. Eine häufige Empfehlung ist die Optimierung von Bildern. Große, schwere Bilder können deine Seite erheblich verlangsamen.

Nutze Bildkomprimierungstools, um die Dateigröße zu verringern, ohne dabei die Qualität zu beeinträchtigen. Das beliebte, kostenfreie Bildbearbeitungstool Gimp (https://www.gimp.org) wäre dafür eine Option.

Überlege auch, moderne Bildformate wie WebP zu verwenden, die eine hohe Qualität bei geringerer Dateigröße bieten.

Schritt 3: Überlege, ein Caching-Plugin zu nutzen, um die Geschwindigkeit zu erhöhen
Caching kann Wunder für die Ladegeschwindigkeit deiner Website bewirken. Es speichert eine Version deiner Website oder Teile davon auf dem Rechner des Besuchers, sodass nicht bei jedem Besuch alle Elemente neu geladen werden müssen.

Es gibt verschiedene Caching-Plugins, die du je nach deinem CMS nutzen kannst. Für WordPress zum Beispiel gibt es Plugins wie WP Super Cache (https://de.wordpress.org/plugins/wp-super-cache), die relativ einfach einzurichten sind und sofortige Verbesserungen bringen können.

Durch die Optimierung der Ladegeschwindigkeit deiner Website verbesserst du nicht nur das Nutzererlebnis, sondern stärkst auch deine SEO-Bemühungen. Eine schnelle, reibungslos ladende Website ist entscheidend, um Besucher auf deine Seite zu bringen, dort zu halten und sie in Kunden zu verwandeln.

Also, nimm dir die Zeit, deine Website zu testen, optimiere nach Bedarf und beobachte, wie sich deine Performance verbessert.

3.10 Kostenlose Werbeaktionen und Giveaways

Kostenlose Werbeaktionen und Giveaways erhöhen die Aufmerksamkeit, fördern die Kundenbindung und können dir wertvolle Daten und Einblicke in deine Zielgruppe liefern. Aber wie führst du sie effektiv durch? Hier ist dein Drei-Schritte-Leitfaden.

Schritt 1: Überlege dir eine Werbeaktion oder ein Giveaway, das deine Zielgruppe anspricht

Dein erster Schritt ist es, eine Aktion zu planen, die für deine Zielgruppe attraktiv ist. Das kann etwas Einfaches sein, wie ein kostenloses E-Book, ein Rabattcode für deinen Online-Shop oder ein physisches Produkt, das du verschenkst.

Das Wichtigste ist, dass der Wert relevant und wünschenswert für deine Zielgruppe ist. Wenn du zum Beispiel eine Fitness-Website betreibst, könnte ein kostenloses Trainingsprogramm ein attraktives Giveaway sein. Konzentriere dich dabei auf digitale Giveaways, da diese für dich außer etwas Erstellungszeit kein Budget kosten.

Schritt 2: Bewerbe diese Aktion auf deiner Website und in deinen Social-Media-Plattformen

Sobald du dein Giveaway geplant hast, ist es Zeit, es zu bewerben. Nutze deine Website, um die Aktion hervorzuheben, beispielsweise im Header mit einem Link. Bitte nutze dafür kein Pop-up-Fenster oder einen Banner, da diese bei deiner Zielgruppe unbeliebt sind und von Pop-Up-Blockern deshalb häufig unterdrückt werden.

Aber noch wichtiger ist die Nutzung von Social-Media. Poste auf deinen Plattformen regelmäßig über dein Giveaway. Du kannst auch überlegen, Influencer in deiner Branche zu engagieren, um eine größere Reichweite zu erzielen. Fokussiere dich dort dann aber überwiegend auf Nano- oder Micro-Influencer aus deiner Branche. Diese sind häufig (noch) unentgeltlich für eine Kooperation zu begeistern.

Alle Checklisten dieses Buchs zum Ausdrucken und Arbeiten findest du als kostenlosen Download unter https://www.daniel-gremm.de/wp/wp-content/2023/11/Online-Marketing-ohne-Budget-Checklisten.pdf

Deine Notizen

Deine Notizen

. . . .

. . . .

. . . .

. . . .

. . . .

. . . .

. . . .

. . . .

. . . .

. . . .

. . . .

. . . .

. . . .

. . . .

. . . .

. . . .

Deine Notizen

Die Auswahl des richtigen CRM-Systems hängt von deinen spezifischen Bedürfnissen, deiner Branche und der Größe deines Unternehmens ab. Es gibt viele Optionen auf dem Markt, von einfachen, kostenlosen Versionen bis hin zu umfangreichen, kostenpflichtigen Systemen. Eine kostenloses, Open Source System ist beispielsweise SuiteCRM (https://suitecrm.com). Und nein, Excel ist kein CRM-System!

Schritt 2: Verwende diese Daten, um individuelle Nachrichten oder Angebote zu senden
Sobald du ein CRM-System eingerichtet und Daten gesammelt hast, kannst du beginnen, diese Informationen zu nutzen, um deine Kommunikation zu personalisieren. Dies kann von einfachen Dingen wie der Verwendung des Kundennamens in E-Mails bis hin zu komplexeren Strategien wie maßgeschneiderten Angeboten basierend auf früheren Käufen reichen.

Individuelle Nachrichten zeigen, dass du dir die Zeit genommen hast, deine Kunden zu verstehen und ihre Bedürfnisse zu berücksichtigen. Dies kann die Kundenbindung erheblich stärken und die Wahrscheinlichkeit von Wiederholungskäufen erhöhen.

Schritt 3: Erstelle personalisierte E-Mail-Kampagnen
Personalisierte E-Mail-Kampagnen sind eine effektive Methode, um mit deinen Kunden in Kontakt zu bleiben und ihnen relevante Angebote zu unterbreiten. Verwende Segmentierungsfunktionen in deinem E-Mail-Marketing-Tool, um deine Nachrichten auf die spezifischen Bedürfnisse und Interessen verschiedener Kundengruppen zuzuschneiden. Das Tool Brevo (vormals Sendinblue, https://www.brevo.com/de) kannst du bis zu 300 versendeten Mails pro Tag kostenlos nutzen. Zudem bietet Brevo auch CRM-Funktionen im Tool an.

Indem du persönliche Kommunikation in deiner Marketingstrategie förderst, schaffst du eine tiefere Verbindung zu deinen Kunden. Dies hilft, ein positives Markenerlebnis zu schaffen und kann letztlich zu einer höheren Kundenzufriedenheit und -bindung führen. Erinnere dich, in einer Welt, in der jeder nach Aufmerksamkeit strebt, kann eine persönliche Note genau das sein, was dich abhebt.

4.2 Treueprogramme einführen

Treueprogramme sind eine fantastische Methode, um Kunden für ihre Loyalität zu belohnen und sie zu ermutigen, immer wieder bei dir zu kaufen. Ein gut durchdachtes Treueprogramm kann die Kundenbindung stärken und langfristig den Umsatz steigern. Du kennst bestimmt das Treueprogramm Payback, oder nutzt es sogar selbst. Jetzt klären wir in drei Schritten, wie du selbst ein eigenes, erfolgreiches Treueprogramm aufbaust.

Schritt 1: Entwickle ein Bonus- oder Punktesystem für wiederkehrende Kunden
Dein erster Schritt ist die Entwicklung eines Systems, das deine Kunden für ihre Treue belohnt. Ein Punktesystem (Stichwort: Payback) ist eine gängige und effektive Methode: Kunden sammeln Punkte für jeden Einkauf, die sie dann gegen Belohnungen, wie Rabatte, kostenlose Produkte oder spezielle Angebote, einlösen können.

Das System sollte einfach und transparent sein, sodass die Kunden leicht verstehen können, wie sie Punkte sammeln und einlösen können. Die Belohnungen sollten attraktiv und erreichbar sein, um die Kunden zu motivieren, am Programm teilzunehmen. Konzentriere dich bei den Belohnungen auf digitale Produkte, z. B. Checklisten, Premium-Artikel oder Tutorials, da diese dich außer etwas Zeit nichts kosten.

Schritt 2: Biete exklusive Vorteile oder Rabatte für Mitglieder
Neben einem Punktesystem kannst du deinem Treueprogramm durch exklusive Vorteile oder Rabatte für Mitglieder zusätzlichen Wert verleihen. Das könnte Zugang zu speziellen Verkaufsaktionen, Mitglieder-Events oder frühzeitigen Produktveröffentlichungen umfassen.

Diese Art von Exklusivität schafft ein Gefühl der Zugehörigkeit und Wertschätzung. Kunden fühlen sich als Teil einer besonderen Gruppe, was ihre Loyalität und Verbundenheit mit deiner Marke stärken kann.

Schritt 3: Bewerbe dein Treueprogramm aktiv
Ein großartiges Treueprogramm zu haben, ist nur der halbe Weg – du musst es auch effektiv bewerben. Nutze deine Website, Social-Media,

E-Mail-Marketing und alle anderen verfügbaren Kanäle, um dein Programm zu bewerben und Kunden zur Teilnahme zu ermutigen.

Stelle sicher, dass die Vorteile des Programms klar und deutlich kommuniziert werden. Betone, wie einfach es ist, beizutreten und welche sofortigen Vorteile die Kunden erwarten können. Eine starke Anfangspromotion kann dazu beitragen, eine solide Basis von Programmteilnehmern aufzubauen, auf der du weiter aufbauen kannst.

Treueprogramme sind eine kraftvolle Strategie, um Kundenbindung zu fördern und langfristige Beziehungen zu deinen Kunden aufzubauen. Indem du ein attraktives Belohnungssystem schaffst, exklusive Vorteile bietest und dein Programm aktiv bewirbst, kannst du deinen Kunden zeigen, dass du ihre Treue schätzt und sie dafür belohnen möchtest. Ein gut umgesetztes Treueprogramm kann nicht nur die Zufriedenheit deiner bestehenden Kunden steigern, sondern auch neue Kunden anziehen.

4.3 Kundenumfragen durchführen

Kundenumfragen sind ein unschätzbares Werkzeug, um direktes Feedback von denen zu erhalten, die dir am wichtigsten sind – deine Kunden. Sie können dir helfen, die Zufriedenheit zu messen, Verbesserungsbereiche zu identifizieren und Entscheidungen für die Zukunft deines Unternehmens zu treffen. Wie du effektive Kundenumfragen durchführen kannst, zeigen dir die folgenden drei Schritte.

Schritt 1: Erstelle einen Fragebogen, der die Zufriedenheit und Bedürfnisse der Kunden abfragt

Beginne mit der Erstellung eines Fragebogens, der auf die wichtigen Aspekte deines Geschäfts abzielt. Deine Fragen sollten klar, präzise und so objektiv wie möglich sein. Stelle sicher, dass du sowohl quantitative (z. B. auf einer Skala von 1 bis 10) als auch qualitative Fragen (offene Fragen) einbeziehst.

Einige Schlüsselbereiche könnten sein: Kundenzufriedenheit, Produktqualität, Kundenservice-Erfahrung und Verbesserungsvorschläge. Denke daran, dass der Fragebogen nicht zu lang sein sollte, da dies die Teilnahmebereitschaft der Kunden beeinträchtigen kann.

Schritt 2: Verteile die Umfrage per E-Mail oder über deine Website
Sobald dein Fragebogen fertig ist, ist es Zeit, ihn zu verteilen. Eine der effektivsten Methoden ist, die Umfrage per E-Mail an deine bestehende Kundenliste zu senden. Du kannst auch die Umfrage auf deiner Website einbinden, beispielsweise als Teil eines erläuternden Blog-Beitrags. Vergiss auch deine Social-Media-Plattformen nicht.

Biete einen Anreiz für die Teilnahme an, wie ein digitales Giveaway oder die Chance, an einer Verlosung von digitalen Produkten teilzunehmen. Dies kann die Antwortrate signifikant erhöhen.

Schritt 3: Nutze das Feedback zur Optimierung deines Angebots
Das gesammelte Feedback ist wertvoll – nutze es weise. Analysiere die Daten, um Muster und Trends zu erkennen. Achte besonders auf wiederkehrende Themen oder Probleme.

Nutze diese Erkenntnisse, um konkrete Verbesserungen in Bereichen wie Kundenservice, Produktqualität oder Website-Funktionalität vorzunehmen. Es ist auch wichtig, das Feedback zu kommunizieren und zu zeigen, dass du auf deine Kunden hörst und Maßnahmen ergreifst – dies kann über Social-Media-Posts, E-Mail-Updates oder Blog-Beiträge geschehen.

Kundenumfragen sind ein mächtiges Instrument, um Einblicke in die Gedanken und Gefühle deiner Kunden zu gewinnen. Sie zeigen nicht nur, dass du dich um ihre Meinungen kümmerst, sondern liefern auch entscheidende Daten, die dir helfen, dein Geschäft zu verbessern und weiter zu wachsen. Denke daran, dass das Sammeln von Feedback ein kontinuierlicher Prozess ist, der dir hilft, auf Kurs zu bleiben und die Bedürfnisse deiner Kunden stets im Auge zu behalten.

Mit dem kostenlos nutzbaren Tool SurveyMonkey (https://www.surveymonkey.de) kannst du sofort loslegen.

4.4 Exklusive Inhalte bereitstellen

Exklusiver Content ist wie ein VIP-Ticket für deine Kunden – es bietet ihnen etwas Besonderes und zeigt, wie sehr du ihre Treue schätzt. Durch das Bereitstellen von Inhalten, die nur für Bestandskunden zugänglich

Betone die Bedeutung von Empathie und Geduld im Kundenservice. Deine Mitarbeiter sollten in der Lage sein, sich in die Lage der Kunden hineinzuversetzen und deren Bedürfnisse zu verstehen.

Schritt 2: Biete vielfältige Support-Kanäle wie Live-Chat, WhatsApp und E-Mail an

In der heutigen digitalen Welt erwarten Kunden, dass sie auf verschiedenen Wegen mit dir in Kontakt treten können. Stelle sicher, dass du eine Reihe von Support-Kanälen anbietest, um den unterschiedlichen Vorlieben gerecht zu werden.

Ein Live-Chat bietet sich für schnelle und effiziente Kommunikation an. Nutze dafür beispielsweise das kostenlose Live-Chat Tool tawk.to (https://www.tawk.to). WhatsApp ist für Kunden geeignet, die persönlichere Gespräche bevorzugen. E-Mail bietet sich für detaillierte Anfragen an, die möglicherweise eine ausführliche Antwort erfordern.

Stelle auch sicher, dass diese Kanäle leicht auf deiner Website und in deinen Social-Media-Plattformen zu finden sind.

Schritt 3: Beantworte Anfragen zeitnah und lösungsorientiert

Schnelle Reaktionszeiten sind entscheidend im Kundenservice. Kunden sollten nicht lange auf eine Antwort warten müssen, egal ob sie sich per E-Mail, WhatsApp oder Live-Chat an dich wenden.

Neben der Schnelligkeit ist auch die Qualität der Antworten wichtig. Jede Kundenanfrage sollte lösungsorientiert bearbeitet werden. Das bedeutet, dass deine Mitarbeiter bestrebt sein sollten, das Problem des Kunden zu verstehen und eine zufriedenstellende Lösung anzubieten.

Denke daran, dass jeder positive Kundenservice-Kontakt dazu beitragen kann, einen loyalen Kunden zu gewinnen, während ein negativer Kontakt häufig das Gegenteil bewirkt.

Hervorragender Kundenservice ist mehr als nur ein Geschäftsprozess; es ist eine Haltung, die im gesamten Unternehmen gelebt werden sollte. Indem du in die Schulung deiner Mitarbeiter investierst, vielfältige Kommunikationskanäle anbietest und jede Anfrage zeitnah und effektiv bearbeitest, baust du eine starke Beziehung zu deinen Kunden auf. Dies fördert nicht nur die Kundentreue, sondern stärkt auch das positive Image deiner Marke.

4.6 Regelmäßige Updates und Neuigkeiten teilen

Das Teilen von regelmäßigen Updates und Neuigkeiten ist entscheidend, um eine aktive und engagierte Online-Community aufzubauen. Es hält deine Kunden über dein Unternehmen auf dem Laufenden und stärkt ihre Bindung zu deiner Marke. Hier erfährst du in drei Schritten, wie du dies effektiv umsetzen kannst.

Schritt 1: Erstelle einen Content-Kalender
Ein gut durchdachter Content-Kalender ist der Schlüssel, um deine Kommunikationsstrategie zu organisieren und konsistent zu halten. Er sollte alle Kanäle und Formen umfassen, die du einbinden willst – von Blog(-Beiträgen) über Social-Media(-Updates) bis hin zu Newsletter(-Artikeln).

Beim Erstellen deines Kalenders berücksichtige wichtige Daten, die für dein Unternehmen relevant sind, wie Produktveröffentlichungen, Veranstaltungen oder saisonale Themen. Plane auch, regelmäßig Inhalte zu veröffentlichen, um bei deinen Kunden präsent zu bleiben.

Bei allem gilt aber: Der Kundenmehrwert muss vorhanden sein. Löst du mit deinem Content-Kalender nicht stetig die Probleme deiner Kunden oder hilfst ihnen dabei, ihre Ziele zu erreichen, wirst du auf keinem Kanal mit keiner Form dauerhaften Erfolg erreichen.

Schritt 2: Teile regelmäßig Neuigkeiten, Produktupdates oder interessante Geschichten
Deine Kommunikation sollte vielfältig und interessant aus Kundensicht (Stichwort: Kundenmehrwert) sein. Teile regelmäßig Neuigkeiten über dein Unternehmen, Updates zu deinen Produkten oder Dienstleistungen und interessante Geschichten, die deine Marke menschlich und greifbar machen.

Geschichten können Kunden-Testimonials, Hinter-den-Kulissen-Einblicke oder Erfolge deines Teams umfassen. Solche Inhalte schaffen eine Verbindung und zeigen deinen Kunden, dass hinter deiner Marke echte Menschen stehen.

Im Mittelpunkt sollte aber immer der Kundenmehrwert stehen. So bieten sich beispielsweise auch Tutorials, Antworten auf häufige Kundenfragen oder auch unterhaltende Inhalte an.

Schritt 3: Verwende Newsletter oder Social-Media, um mit Kunden in Kontakt zu bleiben
Newsletter und Social-Media-Plattformen sind hilfreiche Werkzeuge, um regelmäßig mit deinen Kunden in Kontakt zu treten.

Newsletter sind ideal, um tiefere und detailliertere Inhalte zu teilen. Stelle sicher, dass dein Newsletter wertvolle Informationen bietet und nicht nur eine Verkaufsbotschaft ist. Nutze deine Social-Media-Plattformen, um eine breitere Zielgruppe zu erreichen und vielfältige Inhalte zu teilen. Konzentriere dich am besten auf diejenige Plattform, die auch die meisten deiner aktuellen und potenziellen Kunden nutzen.

Denke daran, die Interaktionen auf diesen Kanälen zu überwachen und auf Kommentare oder Anfragen zu reagieren. Dies fördert die Community-Bildung und zeigt, dass du Wert auf das Feedback und die Meinungen deiner Kunden legst. Zudem belohnen dich die Algorithmen der Plattformen häufig mit mehr Reichweite.

Regelmäßige Updates und das Teilen von Neuigkeiten sind essentiell, um deine Kundenbindung zu stärken und deine Marke in den Köpfen der Menschen lebendig zu halten. Durch die Verwendung eines durchdachten Content-Kalenders, das Teilen interessanter Geschichten und die aktive Nutzung von Newslettern und Social-Media kannst du eine starke Online-Präsenz aufbauen und pflegen. Kommunikation ist der Schlüssel, also halte das Gespräch am Laufen!

4.7 Gemeinschaftsgefühl schaffen

Ein starkes Gemeinschaftsgefühl kann den Unterschied zwischen einem gewöhnlichen und einem außergewöhnlichen Online-Erlebnis für deine Kunden ausmachen. Es schafft einen Raum, in dem sich Menschen verbunden fühlen, Erfahrungen teilen und von anderen lernen können. Hier sind drei Schritte, wie du eine solche Gemeinschaft aufbauen kannst.

Schritt 1: Erwäge die Gründung einer exklusiven Community oder eines Forums

Der erste Schritt zum Aufbau einer Gemeinschaft ist die Schaffung eines dedizierten Raumes dafür. Dies könnte eine exklusive Online-Community oder ein Forum auf deiner Website sein. Eine andere Option könnte eine private Gruppe auf Plattformen wie Facebook, LinkedIn oder WhatsApp sein.

Diese exklusive Community sollte mehr sein als nur ein Ort, an dem Informationen ausgetauscht werden. Sie sollte ein Gefühl der Zugehörigkeit und des gemeinsamen Interesses fördern. Stelle sicher, dass die Community leicht zugänglich, aber gleichzeitig exklusiv genug ist, um ein Gefühl der Besonderheit zu vermitteln.

Beispielsweise mit dem kostenlosen Forum-Tool MyBB (https://mybb.com) kannst du schnell und einfach ein Forum auf deiner Website integrieren.

Schritt 2: Biete einen Raum für Diskussionen, Fragen und Erfahrungsaustausch

Innerhalb deiner Community oder deines Forums solltest du aktiv Räume für Diskussionen, Fragen und den Austausch von Erfahrungen anbieten. Ermutige die Mitglieder, sich an Gesprächen zu beteiligen, indem du relevante Themen ansprichst oder Fragen stellst. Denke daran, dass du gerade zu Beginn gefordert sein wirst, immer wieder Gespräche anzuregen und am Laufen zu halten.

Es ist wichtig, dass sich die Mitglieder frei fühlen, ihre Gedanken und Meinungen zu äußern. Eine offene und unterstützende Atmosphäre zu schaffen, ist entscheidend. Du könntest auch Moderatoren ernennen, um die Diskussionen zu leiten und sicherzustellen, dass die Kommunikation respektvoll und konstruktiv bleibt.

Schritt 3: Organisiere regelmäßige Online-Events oder Treffen für die Community

Regelmäßige Events oder Treffen können das Gemeinschaftsgefühl weiter stärken. Dies könnten Online-Webinare, Q&A-Sessions mit Experten aus deiner Branche oder virtuelle Meetups sein. Solche Veranstaltungen bieten nicht nur Mehrwert in Form von Lernen und sammelst, ein durchdachtes Geschenk planst und eine persönliche Nachricht sendest, zeigst du deinen Kunden, dass sie für dich mehr sind als nur eine Nummer. Solche kleinen Gesten der Wertschätzung können langfristig zu größerer Kundentreue und positivem Word-of-Mouth führen.

4.9 Transparente, kritikfähige Kommunikation

In einer Welt, in der Vertrauen und Authentizität zunehmend an Bedeutung gewinnen, ist eine transparente und kritikfähige Kommunikation entscheidend für den Aufbau und die Pflege starker Kundenbeziehungen. Es geht darum, offen und ehrlich zu sein, auch wenn es um schwierige Themen geht. Hier sind deine drei Schritte, um diese Art der Kommunikation in deinem Unternehmen zu fördern.

Schritt 1: Halte Kunden über wichtige Entwicklungen im Unternehmen informiert

Deine Kunden sollten sich nicht wie Außenstehende fühlen, wenn es um Entwicklungen in deinem Unternehmen geht. Ob es sich um positive Nachrichten, wie die Einführung eines neuen Produkts, oder um Herausforderungen, wie Lieferverzögerungen, handelt – deine Kunden sollten das immer von dir zuerst hören.

Diese Informationen können strategisch genutzt werden, um deinen Kunden zu zeigen, dass du sie wertschätzt und sie als Teil deiner Unternehmensgemeinschaft ansiehst. Eine offene Kommunikation kann auch dazu beitragen, Gerüchte oder Missverständnisse zu vermeiden, die entstehen könnten, wenn Kunden aus anderen Quellen von Unternehmensentwicklungen erfahren.

Schritt 2: Nutze Blogposts, E-Mails oder Social-Media für die Kommunikation

Um transparent zu kommunizieren, nutze verschiedene Kanäle, um sicherzustellen, dass deine Botschaft eine breite Basis deiner Kunden erreicht. Blogposts sind ideal für ausführlichere Erklärungen und Updates. E-Mails können für personalisierte Nachrichten verwendet werden, während Social-Media perfekt ist, um schnelle Updates und laufende Dialoge zu teilen.

In jeder Kommunikationsform solltest du darauf achten, dass der Ton deiner Nachrichten authentisch und deiner Marke treu bleibt. Sei ehrlich und direkt, vermeide aber einen Ton, der als aggressiv oder defensiv wahrgenommen werden könnte.

Schritt 3: Ermutige Kundenfeedback und beantworte offene Fragen kritikfähig

Eine transparente Kommunikation ist keine Einbahnstraße. Ermutige deine Kunden aktiv dazu, Feedback zu geben und Fragen zu stellen. Dies zeigt, dass du ihre Meinungen wertschätzt und bereit bist, auf ihre Bedenken einzugehen.

Sei kritikfähig, wenn du auf Feedback oder Fragen reagierst. Nicht alles, was du hörst, wird positiv sein, aber jede Kritik bietet eine Chance zu lernen und sich zu verbessern. Sei dankbar für das Feedback, auch wenn es kritisch ist, und nutze es als Möglichkeit, deine Prozesse, Produkte oder Dienstleistungen zu verbessern.

Denke immer daran, dass die meisten auf Social-Media-Plattformen passiv agieren. Das bedeutet, dass ein Dialog über Missstände mit wenigen von deutlich mehr gelesen wird. Du hast also die große Chance, einer großen Zuhörerschaft zu zeigen, wie du mit konstruktiver Kritik umgehst. Solange du hier kundenorientiert agierst, bist du auf dem richtigen Weg.

Transparente, kritikfähige Kommunikation baut Vertrauen und Glaubwürdigkeit auf und zeigt deinen Kunden, dass sie einen wichtigen Teil deines Unternehmens ausmachen. Indem du sie regelmäßig informierst, verschiedene Kommunikationskanäle nutzt und offen für Feedback bist, förderst du eine starke, positive Beziehung zu deiner Kundenbasis. Denke daran, dass Ehrlichkeit und Offenheit langfristig die besten Wege sind, um Loyalität und Vertrauen aufzubauen.

4.10 Einbindung in Produkt- oder Dienstleistungsentwicklung

Die Einbindung deiner Kunden in den Entwicklungsprozess neuer Produkte oder Dienstleistungen ist eine effektive Strategie, um Loyalität zu fördern und gleichzeitig wertvolles Feedback zu sammeln. Es zeigt deinen Kunden, dass ihre Meinungen und Erfahrungen geschätzt werden und sie einen direkten Einfluss auf die Angebote haben, die sie selbst nutzen. Hier sind deine drei Schritte, um dies erfolgreich umzusetzen.

Schritt 1: Biete treuen Kunden die Möglichkeit, neue Produkte zu testen
Eine großartige Möglichkeit, deine treuesten Kunden zu belohnen und gleichzeitig wertvolles Feedback zu erhalten, ist, ihnen die Möglichkeit zu bieten, an der Erprobung neuer Produkte oder Dienstleistungen teilzunehmen. Dies kann z. B. in Form eines Beta-Tests oder einer Vorabversion geschehen.

Dies gibt deinen Kunden das Gefühl, Teil eines exklusiven Clubs zu sein. Es ist auch eine Gelegenheit für sie, direkt Einfluss darauf zu nehmen, wie das Endprodukt aussehen wird. Solche Testphasen können für Produkte ebenso relevant sein wie für Dienstleistungen.

Schritt 2: Sammle Feedback und mache Anpassungen basierend auf ihren Rückmeldungen
Das Sammeln von Feedback ist ein entscheidender Teil dieses Prozesses. Ermutige die Testnutzer, ihre ehrlichen Meinungen, Erfahrungen und Vorschläge mitzuteilen. Dies kann durch Umfragen, Fokusgruppen oder individuelle Interviews geschehen.

Wichtig ist, dass dieses Feedback ernst genommen und genutzt wird, um das Produkt oder die Dienstleistung zu verbessern. Zeige deinen Kunden, dass du ihre Rückmeldungen wertschätzt, indem du aktiv auf sie eingehst und sie über Änderungen informierst, die aufgrund ihres Feedbacks gemacht wurden.

Zudem können sich aus solchen Feedbacks auch Ideen für neue Produkte oder Dienstleistungen ergeben, die dein Angebot erweitern und dir zusätzliche Potenziale erschließen.

Das Einsammeln von Feedback und der Austausch darüber kann einfach, schnell und kostenlos beispielsweise in einer WhatsApp-Gruppe (https://www.whatsapp.com) passieren.

Schritt 3: Dies fördert das Gefühl der Zugehörigkeit und Wertschätzung
Die Einbindung deiner Kunden in den Entwicklungsprozess ist nicht nur für das Produkt oder die Dienstleistung selbst von Vorteil, sondern stärkt auch die Beziehung zwischen deinem Unternehmen und seinen Kunden. Es schafft ein starkes Gefühl der Zugehörigkeit und Wertschätzung.

Kunden, die das Gefühl haben, dass ihre Meinungen gehört und geschätzt werden, sind eher geneigt, sich langfristig an deine Marke zu binden. Sie fühlen sich eher als Teil deiner Markengemeinschaft und nicht nur als Konsumenten.

Indem du Kunden in den Entwicklungsprozess einbindest, schaffst du nicht nur bessere Produkte, sondern baust auch stärkere, persönlichere Beziehungen zu deinen Kunden auf. Diese Strategie fördert die Kundenbindung und kann dazu beitragen, eine loyale Kundenbasis zu schaffen, die sich aktiv an der Entwicklung und Verbesserung deiner Angebote beteiligt. Denke daran, dass das Feedback deiner Kunden ein wertvolles Gut ist, das zur kontinuierlichen Verbesserung und Innovation beiträgt.

4.11 Deine Checkliste

Mit dieser Checkliste kannst du sicherstellen, dass alle wichtigen Aspekte zum Thema ′Kunden binden′ abgedeckt sind. Ich empfehle dir, diese Checkliste regelmäßig zu nutzen.

Zum einen, weil du und dein Umfeld sich stetig verändern und du damit „am Ball" bleibst.

Zum anderen, weil du damit das Thema ′Kunden binden′ zu einer Routine machst und damit Kundenbindung für dich zum Teil deines Alltags wird. Das schaffen nur die wenigsten deiner Wettbewerber und du bist damit langfristig erfolgreicher (Abb. 4.1).

Deine Notizen

Deine Notizen

. . . .

. . . .

. . . .

. . . .

. . . .

. . . .

. . . .

. . . .

. . . .

. . . .

. . . .

. . . .

. . . .

. . . .

. . . .

. . . .

Deine Notizen

Deine Notizen

Sobald du deine Plattform ausgewählt hast, erstelle ein professionelles Profil. Dies sollte mindestens dein Logo, eine aussagekräftige Beschreibung deines Unternehmens und einen Link zu deiner Website enthalten.

Schritt 2: Poste regelmäßig qualitativ hochwertigen Content, der für deine Zielgruppe relevant ist

Konsistenz ist der Schlüssel bei Social-Media. Entwickle einen Content-Plan, der sicherstellt, dass du regelmäßig postest. Dein Content sollte interessant, informativ und relevant für deine Zielgruppe sein.

Teile beispielsweise spannende Updates über dein Unternehmen und deine Produkte. Poste informative Artikel oder Blogposts, die deine Expertise in deiner Branche zeigen. Verwende attraktive Bilder und Videos, um deine Botschaften zu verstärken. Vor allem solltest du aber wertvolle Tipps oder Lösungen für Probleme, die deine Zielgruppe betreffen, bieten.

Kostenlos nutzbare Tools wie Buffer (https://buffer.com) helfen dir bei der Planung und Organisation deiner Social-Media-Arbeit. So verlierst du nie den Überblick.

Schritt 3: Interagiere mit deinen Followern durch Kommentare, Likes und Nachrichten

Social-Media ist nicht nur eine Einbahnstraße-Kommunikation. Interagiere aktiv mit deinen Followern, indem du auf Kommentare antwortest, ihre Beiträge likest und auf Nachrichten reagierst. Dies hilft, eine Beziehung zu deiner Community aufzubauen und zeigt, dass du ihre Meinungen und Interaktionen wertschätzt. Zudem zeigt es deiner Social-Media-Plattform, dass du relevant bist und verschafft dir dadurch mehr Reichweite.

Sei auch aufmerksam bei der Beantwortung von Beschwerden oder negativen Kommentaren. Eine schnelle, empathische und lösungsorientierte Reaktion kann helfen, das Vertrauen in deine Marke zu stärken.

Der effektive Einsatz von Social-Media kann dazu beitragen, das Bewusstsein für deine Marke zu erhöhen, eine loyale Community aufzubauen und letztendlich den Umsatz zu steigern. Indem du regelmäßig relevanten Content postest und aktiv mit deiner Community interagierst, nutzt du das volle Potenzial von Social-Media für dein Unternehmen. Denke immer daran, authentisch zu bleiben und eine klare, konsistente Botschaft zu vermitteln.

5.2 Partnerschaften und Kooperationen

„Eine Hand wäscht die andere", du kennst bestimmt diese Redewendung. In diesem Kapitel zeige ich dir in drei Schritten, wie du Partnerschaften und Kooperationen aufbaust, wo ihr beide profitiert, ohne dass Geld ausgegeben werden muss.

Schritt 1: Identifiziere potenzielle Partner
Zuerst musst du herausrausfinden, wer überhaupt infrage kommt. Dein idealer Partner sollte ähnliche Ziele verfolgen, aber nicht in direkter Konkurrenz zu dir stehen.

Schau dir zunächst an, welche Unternehmen dieselbe Zielgruppe ansprechen wie du. Das könnten zum Beispiel Lieferanten, Hersteller oder sogar Blogger und Influencer sein.

Halte deshalb auch auf Branchenveranstaltungen, auch online, Ausschau nach potenziellen Partnern. Auch Social-Media-Plattformen solltest du nutzen, um Unternehmen zu finden, die zu dir passen könnten.

Schritt 2: Entwickle ein Win–Win-Konzept
Jetzt wird es kreativ! Entwickle eine Idee für eine Kooperation, von der beide Seiten profitieren. Es muss nicht kompliziert sein – oft sind die einfachsten Ideen die besten.

Wie wäre es zum Beispiel mit einem gemeinsamen Blogpost, Podcast oder Webinar? Ihr könnt euer Wissen bündeln und beide eure Reichweite erhöhen. Zudem teilt ihr euch die Arbeit.

Eine weitere Idee wäre es, gegenseitig eure Inhalte auf Social Media zu teilen. Ein einfacher Shoutout kann schon Wunder wirken.

Online-Events oder -Workshops sind eine weitere tolle Möglichkeit, sich gegenseitig zu präsentieren und Mehrwert für eure Zielgruppen zu schaffen. Auch hier könnt ihr zusammenarbeiten und euch die Arbeit teilen.

Schritt 3: Mach den ersten Schritt und bau' Beziehungen auf
Jetzt heißt es, aktiv zu werden. Sei nicht schüchtern – die meisten Leute freuen sich über mehrwertige Kooperationsanfragen (Stichwort Win-Win-Konzept).

Schreib deine potenziellen Partner direkt an. Du findest die Kontaktdaten, beispielsweise die E-Mail Adresse, im Impressum. Achte dabei immer auf die DSGVO. Du kannst auch den Weg über Social-Media-Plattformen wie beispielsweise LinkedIn gehen.

Sei dabei immer ehrlich, direkt und zeig' klar auf, was der Nutzen der Partnerschaft ist. Sonst nervst du nur und verschwendest euer beider Zeit.

Du kannst auch Networking-Events nutzen, um persönliche Kontakte zu knüpfen. Oft entstehen die besten Kooperationen aus zufälligen Begegnungen. Sei hier aber ebenfalls nicht aufdringlich und nicht egozentrisch. Frag′ dich immer, was dein Kontakt für Probleme oder Ziele hat, bei dem du als Partner ihm helfen kannst.

Denke immer langfristig und strebe nachhaltige Beziehungen an, statt schneller Einmal-Aktionen. Dann lohnt sich der hohe zeitliche Aufwand meistens.

Partnerschaften und Kooperationen können dein Online-Marketing auf das nächste Level bringen, ohne dass du dafür in deinen Geldbeutel greifen musst. Mit Kreativität, Mut zur Kontaktaufnahme und einem klaren Win–Win-Ansatz kannst du wertvolle Synergien schaffen, die deiner Marke zu mehr Bekanntheit verhelfen.

5.3 Online-Guerilla-Marketing

In diesem Kapitel geht es darum, mit unkonventionellen und kreativen Ansätzen im digitalen Raum Aufmerksamkeit zu erregen. Jetzt lernst du in drei Schritten, wie du die digitale Landschaft mit einzigartigen und überraschenden Marketingaktionen eroberst.

Schritt 1: Kreative Online-Aktionen entwickeln
Im Online-Guerilla-Marketing geht es darum, ungewöhnlich und originell zu sein. Denke bewusst und konsequent über die Grenzen traditioneller Online-Werbung hinaus.

Starte beispielsweise eine ausgefallene Challenge auf Social-Media, die sich schnell verbreitet. Etwas, das unterhaltsam ist und zum Mitmachen anregt, kann schnell viral gehen. Der Fokus muss hier auf ausgefallene und emotionale Ideen liegen. Auch konträre Ideen zu beliebten Challenges können funktionieren.

Erstelle zudem einzigartige, vielleicht sogar provokative Inhalte für deine Social-Media-Kanäle oder deinen Blog. Das könnte ein ungewöhnliches Tutorial, ein humorvolles Video oder eine interaktive Story sein, die mit deiner Marke zusammenhängt. Achte auch hier darauf, dass du nicht nachmachst, was es schon zuhauf im Web gibt.

Ein kostenloses KI-Tool, was dir beim Brainstorming hilfreich zur Seite stehen kann, ist beispielsweise ChatGPT (https://openai.com/chatgpt).

Schritt 2: Lokale Online-Communitys nutzen

Selbst im digitalen Raum kann das Lokale eine große Rolle spielen. Nutze deshalb lokale Online-Communitys, um deine Botschaft zu verbreiten.

Beteilige dich beispielsweise aktiv in lokalen Online-Communitys und Foren. Höre dich dazu bei Freunden und Kollegen um, welche Plattformen in eurer Gegend besonders häufig genutzt werden und damit für dich relevant sind. Das können sowohl lokale Plattformen sein als auch lokale Bereiche von globalen Playern.

Sei dort immer hilfsbereit. Heißt konkret: Helfe bei Problemen und zeige, wie man schneller Ziele erreicht. Das sind wirklich wertvolle und relevante Inhalte, die ankommen. Im weiteren Verlauf kannst du, wenn es passt, gelegentlich auch deine Produkte oder Dienstleistungen erwähnen.

Arbeite außerdem mit lokalen Influencern zusammen, die eine starke Bindung zu deiner Zielgruppe haben. Suche hier bewusst bei den Nano- und Micro-Influencern. Das sind Influencer, mit (noch) kleiner Anhängerschaft, die häufig für Kooperationen ohne Geldleistung zugänglich sind.

5.5 Mit Influencern zusammenarbeiten

Influencer-Marketing ist eine effektive Strategie, um deine Marke einem breiteren Publikum vorzustellen und Glaubwürdigkeit durch Assoziation zu gewinnen. Erfahre in den folgenden drei Schritten, wie du eine erfolgreiche Zusammenarbeit mit Influencern in deiner Branche oder Zielgruppe initiieren kannst.

Schritt 1: Identifiziere Influencer in deiner Branche oder Zielgruppe
Der erste Schritt ist die Identifizierung von Influencern, die gut zu deiner Marke passen. Diese können auf verschiedenen Plattformen aktiv sein, wie beispielsweise Instagram, YouTube, TikTok oder X. Wichtig ist, dass sie eine loyale und engagierte Anhängerschaft haben, die mit deiner Zielgruppe übereinstimmt.

Engagiert ist hier das Zauberwort, das die Spreu vom Weizen trennt. Du erkennst eine engagierte Anhängerschaft ganz einfach an der Anzahl der Comments und Shares unter den Beiträgen der Influencer. Hier gilt: Je mehr und je stetiger, desto besser. Die Anzahl der Likes oder Fans kannst du dagegen eher vernachlässigen.

Schau dir zudem die Inhalte der Influencer an, um sicherzustellen, dass ihr Stil und ihre Werte mit deinen übereinstimmen. Ein Influencer, dessen Image und Publikum gut zu deinem Produkt oder deiner Dienstleistung passt, kann eine wirkungsvolle Erweiterung deiner Marketingbemühungen sein.

Schritt 2: Kontaktiere sie mit einem Angebot für eine Zusammenarbeit
Nachdem du passende Influencer identifiziert hast, ist der nächste Schritt, sie zu kontaktieren. Bereite ein professionelles und persönliches Anschreiben vor, in dem du erklärst, wer du bist, was du anbietest und warum du denkst, dass eine Zusammenarbeit für beide Seiten von Vorteil sein könnte.

Sei klar in deinem Angebot. Möchtest du, dass sie dein Produkt testen, darüber in ihren sozialen Medien berichten oder gemeinsam mit dir an einer Kampagne arbeiten? Ein klar definiertes Angebot hilft, von Anfang an eine transparente und effektive Beziehung aufzubauen.

Fokussiere dich dabei zunächst auf die Nano- und Micro-Influencer. Hier hast du zum einen kleinere, dafür aber passgenauere Reichweiten. Zum anderen sind diese Influencer häufig offener für individuellere Kooperationen, die nicht zwingend mit der Zahlung von Geld zu tun haben müssen.

Schritt 3: Arbeite eng mit ihnen zusammen, um authentische Promotionen zu erstellen
Nachdem eine Zusammenarbeit vereinbart wurde, ist es wichtig, eng mit dem Influencer zusammenzuarbeiten, um sicherzustellen, dass die Promotionen authentisch und wirkungsvoll sind. Gib ihnen genügend Freiheit, ihre eigenen kreativen Ideen einzubringen, denn niemand versteht ihre Anhänger besser als sie selbst.

Kommuniziere klar deine Ziele und Erwartungen, aber sei auch offen für ihre Vorschläge und Ideen. Eine echte Partnerschaft, in der beide Seiten ihre Stärken einbringen, führt oft zu den überzeugendsten und erfolgreichsten Kampagnen.

Die Zusammenarbeit mit Influencern kann deine Reichweite deutlich erweitern und deine Marke mit einer neuen, oft schwer erreichbaren Zielgruppe verbinden. Durch die Auswahl der richtigen Influencer, das Unterbreiten klarer Angebote und die Förderung kreativer und authentischer Promotionen kannst du wirkungsvolle Partnerschaften aufbauen, die sowohl deine Marke als auch die des Influencers stärken. Denke daran, dass gegenseitiger Respekt und eine klare Kommunikation der Schlüssel zum Erfolg in jeder Influencer-Beziehung sind.

5.6 ChatGPT Marketing

In diesem Kapitel dreht sich alles darum, wie du ChatGPT (https://openai.com/chatgpt) nutzen kannst, um deine Marke zu stärken und bei Suchanfragen von Nutzern von der KI erwähnt zu werden. ChatGPT, der kostenlos nutzbare Chatbot von OpenAI, kann eine Schlüsselrolle in deiner digitalen Marketingstrategie spielen. Lass′ uns in drei Schritten durchgehen, wie du das erreichen kannst.

Schritt 1: Werde zum Thema für ChatGPT

Damit ChatGPT deine Marke oder Produkte erwähnt, musst du dafür sorgen, dass sie relevant und präsent in den digitalen Medien sind.

Verfasse deshalb immer qualitativ hochwertige, informative und einzigartige Inhalte über dein Unternehmen oder deine Produkte. Dies können Blogposts, Artikel, Pressemitteilungen oder Studien sein, die online verfügbar sind. Beachte dabei, dass „qualitativ hochwertig" aus Sicht des Nutzers gemeint ist. Heißt konkret: Du brauchst bei deinen Inhalten immer einen deutlich erkennbaren Kundenmehrwert.

Sei zudem aktiv in Social-Media, in Foren und auf anderen Plattformen, um die Sichtbarkeit deiner Marke zu erhöhen.

Schritt 2: Baue eine starke Online-Reputation auf

ChatGPT zieht Informationen aus einer breiten Palette von Quellen. Eine starke Online-Reputation kann die Wahrscheinlichkeit erhöhen, dass ChatGPT deine Inhalte als relevant erachtet. Ermutige deshalb zufriedene Kunden, positive Bewertungen auf verschiedenen Online-Plattformen zu hinterlassen.

Beteilige dich als Experte in deinem Fachgebiet an Diskussionen und Foren. Das erhöht nicht nur deine Glaubwürdigkeit, sondern auch deine Sichtbarkeit.

Schritt 3: Kontinuierliche Aktualisierung und Anpassung

Die digitale Welt ist ständig im Wandel, und es ist wichtig, dass du deine Strategien regelmäßig überprüfst und anpasst.

Halte deine Inhalte deshalb stetig aktuell. Regelmäßige Updates und das Hinzufügen neuer Informationen halten deine Inhalte frisch und relevant.

Bleib auf dem Laufenden über aktuelle Trends in deiner Branche und passe deine Inhalte entsprechend an. Beobachte dabei immer, wie dein Publikum auf deine Inhalte reagiert, und nutze dieses Feedback, um deine Strategie zu verbessern.

Durch die Nutzung von ChatGPT als Teil deiner Marketingstrategie kannst du sicherstellen, dass deine Marke in relevanten Suchanfragen von ChatGPT erwähnt wird. Indem du relevante Inhalte erstellst, eine starke Online-Reputation aufbaust und deine Strategien kontinuierlich anpasst, kannst du die Sichtbarkeit und Bekanntheit deiner Marke effektiv steigern – und das alles ohne zusätzliche Kosten. Sei kreativ, bleib engagiert und nutze die Macht der KI, um deine Marketingziele zu erreichen.

5.7 User-Generated Content

In diesem Kapitel zeige ich dir, wie du Inhalte, die von deinen Nutzern oder Kunden erstellt wurden, also User-Generated Content (UGC), effektiv für dein Online-Marketing nutzen kannst. UGC ist authentisch, glaubwürdig und erhöht das Engagement, du wirst also bekannter. Hier sind deine drei Schritte, wie du UGC für dein Marketing nutzen kannst.

Schritt 1: Ermutige zur Erstellung von Inhalten
Der erste Schritt besteht darin, deine Nutzer oder Kunden aktiv dazu zu ermutigen, Inhalte zu erstellen, die mit deiner Marke oder deinen Produkten in Verbindung stehen.

Organisiere beispielsweise Wettbewerbe oder Challenges, bei denen Nutzer eigene Inhalte erstellen und teilen können. Das kann ein Foto-Wettbewerb, ein kreatives Video oder eine andere interaktive Herausforderung sein.

Biete kleine Anreize oder Belohnungen für die besten Beiträge. Das können Rabatte oder exklusive Angebote sein. Viel besser – weil kostenfrei – sind aber kostenlose Anreize. Das können digitale Auszeichnungen und Würdigungen oder auch die Aufnahme in einen exklusiven Kreis sein, der beispielsweise Produkte mitgestalten oder vorab testen darf. Der exklusive Kreis hätte den weiteren Vorteil, dass man gleich eine Produkttester-Community aufbaut.

Schritt 2: Zeige Wertschätzung und teile User-Content
Zeige deinen Nutzern, dass du ihre Beiträge schätzt, indem du sie in deinem eigenen Marketing nutzt.

Teile dafür die besten User-Beiträge auf deinen eigenen Social-Media-Kanälen, auf deiner Website oder in deinem Newsletter. Frage vorab

Deshalb bedanke dich bei Kunden, die positive Bewertungen hinterlassen, und zeige deine Wertschätzung für ihr Feedback. Insbesondere bei negativen Bewertungen solltest du professionell und konstruktiv reagieren. Versuche, das Problem zu verstehen und eine Lösung anzubieten. Eine gut durchdachte Antwort auf eine negative Bewertung kann zeigen, dass du kundenorientiert bist und dich um kontinuierliche Verbesserung bemühst.

Kundenbewertungen sind mehr als nur Kommentare; sie sind eine Gelegenheit, das Vertrauen in deine Marke zu stärken und wertvolle Einblicke in die Kundenzufriedenheit zu gewinnen. Indem du aktiv Bewertungen sammelst, sie effektiv nutzt und auf alle Bewertungen reagierst, zeigst du, dass du deine Kunden schätzt und bestrebt bist, deine Produkte und Dienstleistungen kontinuierlich zu verbessern.

5.9 Online Corporate Social Responsibility (Online CSR)

Corporate Social Responsibility (CSR) geht über bloßes Marketing hinaus – es geht darum, echten Wert für die Gesellschaft zu schaffen, sozial wie ökologisch. Da beide Aspekte wichtiger denn je sind und auch für die jüngeren Generationen eine immer zentralere Rolle in ihrem Leben einnehmen, solltest du das Thema unbedingt berücksichtigen. In diesem Kapitel zeige ich dir, wie du wirkungsvolle Online-CSR-Initiativen starten kannst.

Schritt 1: Etabliere eine klare Online-CSR-Strategie
Bevor du loslegst, ist es wichtig, eine klare und fokussierte Online-CSR-Strategie zu entwickeln, die zu den Werten und Zielen deines Unternehmens passt.

Überlege dir zunächst, welche sozialen, ökologischen oder ethischen Themen am besten zu deinem Unternehmen passen. Dies könnte von Umweltschutz über Bildung bis hin zu lokalem Community-Engagement reichen.

Definiere danach klare und erreichbare Ziele für deine Online-CSR-Aktivitäten. Diese Ziele sollten messbar sein, damit du den Erfolg deiner Bemühungen bewerten kannst.

Nutze zudem deine Online-Plattformen, um deine CSR-Strategie und -Ziele zu kommunizieren und deine Kunden, Mitarbeiter und Partner darüber zu informieren.

Schritt 2: Nutze digitale Plattformen für CSR-Aktivitäten

Das Internet bietet eine Fülle von Möglichkeiten, CSR-Initiativen durchzuführen und zu fördern. Nutze digitale Kanäle, um deine Botschaft zu verbreiten und Engagement zu erzeugen.

Starte Kampagnen auf deinen Social-Media-Plattformen, um Bewusstsein für bestimmte Themen zu schaffen. Das könnte eine Informationskampagne oder eine Challenge sein, die zu positiven Aktionen anregt.

Veröffentliche regelmäßig Blogbeiträge oder Artikel, die sich mit CSR-Themen befassen. Interviews mit Experten, Fallstudien und Erfolgsgeschichten können besonders wirkungsvoll sein.

Kooperiere mit NGOs, gemeinnützigen Organisationen oder anderen Unternehmen, um gemeinsame Projekte oder Kampagnen zu starten und deren Reichweite zu erhöhen.

Schritt 3: Fördere Community-Engagement und Transparenz

Ein Schlüsselelement erfolgreicher Online-CSR ist es, deine Community aktiv einzubeziehen und Transparenz zu schaffen. Lade deshalb deine Online-Community ein, an deinen CSR-Initiativen teilzunehmen. Das kann von Online-Petitionen bis hin zu virtuellen Events reichen.

Schaffe einen offenen Dialog über deine CSR-Aktivitäten. Nutze Umfragen und Feedback-Tools, um Meinungen und Ideen deiner Zielgruppe zu sammeln. Sei transparent über die Fortschritte und Ergebnisse deiner CSR-Bemühungen. Regelmäßige Updates und Berichte steigern das Vertrauen und die Glaubwürdigkeit deiner Marke.

Online Corporate Social Responsibility ist eine kraftvolle Möglichkeit, einen positiven Einfluss in der Welt zu erzeugen, während du gleichzeitig das Ansehen und die Bekanntheit deines Unternehmens stärkst. Durch die Entwicklung einer klaren CSR-Strategie, die Nutzung digitaler Plattformen für deine Initiativen und die Förderung von Engagement und Transparenz kannst du eine starke, ethisch-orientierte Online-Präsenz aufbauen. Erinnere dich: Bei CSR geht es nicht nur darum, gut auszusehen – es geht darum, Gutes zu tun.

5.10 LinkedIn für B2B nutzen

LinkedIn ist das größte Business-Netzwerk der Welt und deshalb eine mächtige Plattform für dein B2B-Marketing und dein Networking. Hier kannst du dein professionelles Netzwerk erweitern, deine Marke stärken und neue Geschäftsmöglichkeiten entdecken. In drei Schritten wirst du jetzt LinkedIn effektiv für dein B2B-Geschäft nutzen.

Schritt 1: Erstelle ein professionelles Profil
Dein LinkedIn-Profil ist oft der erste Eindruck, den andere Fachleute von dir haben. Es sollte daher professionell, vollständig und ansprechend sein. Falls du noch keinen Account hast, kannst du ihn hier kostenlos eröffnen: https://de.linkedin.com

Lade zunächst ein klares, professionelles Portrait-Foto hoch. Dein Profil-Slogan sollte nicht nur deine aktuelle Position, sondern auch deine Kernkompetenzen und Werte umfassen. Im Info-Bereich kannst du deine Geschäftstätigkeit, Erfolge und Ziele beschreiben. Nutze hier auch relevante Keywords, um die Auffindbarkeit zu verbessern. Fülle alle weiteren Felder, die für deine Zielgruppe wichtig sind, so verständlich und umfassend wie möglich aus.

Schritt 2: Vernetze dich mit Branchenkollegen, teile regelmäßig wertvollen Content und interagiere
LinkedIn ist eine Plattform zum Networking. Nutze sie, um dich mit Branchenkollegen, potenziellen Kunden und anderen Fachleuten zu vernetzen.

Baue dein Netzwerk aktiv auf, indem du täglich Verbindungen zu Personen in deiner Branche und angrenzenden Bereichen knüpfst. Teile mindestens einmal wöchentlich eigene Inhalte wie Artikel, Blogposts oder Branchennews, die für dein Netzwerk von Interesse sein könnten. Das zeigt deine Expertise und hält dich in den Köpfen deiner Kontakte. Engagiere dich täglich durch Kommentare, Likes und das Teilen von Beiträgen anderer. All dies erhöht deine Sichtbarkeit und fördert Beziehungen.

Schritt 3: Nutze LinkedIn, um Leads zu generieren und dich als Branchenexperte zu positionieren
LinkedIn kann auch ein effektives Werkzeug sein, um Leads zu generieren und dich als Branchenexperten zu etablieren.

Kontakte über die Mail-Funktion in LinkedIn mit Bedacht Personen, die sich häufiger in der Interaktion mit deinen Inhalten interessiert gezeigt haben.

Beteilige dich an relevanten Gruppendiskussionen, beantworte Fragen und teile deine Fachkenntnisse. Dies hilft, dich als Autorität in deinem Fachbereich zu positionieren.

Durch die Nutzung von LinkedIn kannst du nicht nur dein professionelles Netzwerk erweitern, sondern auch wertvolle Geschäftsbeziehungen aufbauen und pflegen. Eine aktive Präsenz, das Teilen von qualitativ hochwertigen Inhalten und das gezielte Networking sind entscheidend, um auf dieser Plattform erfolgreich zu sein. Denke daran, Konsistenz und Authentizität sind der Schlüssel zum Aufbau eines starken LinkedIn-Profils, das dein B2B-Geschäft unterstützt.

5.11 Deine Checkliste

Mit dieser Checkliste kannst du sicherstellen, dass alle wichtigen Aspekte zum Thema ‚Bekannter werden' abgedeckt sind. Ich empfehle dir, diese Checkliste regelmäßig zu nutzen.

Zum einen, weil du und dein Umfeld sich stetig verändern und du damit „am Ball" bleibst.

Deine Notizen

Deine Notizen

Deine Notizen

. . . .

. . . .

. . . .

. . . .

. . . .

. . . .

. . . .

. . . .

. . . .

. . . .

. . . .

. . . .

. . . .

. . . .

. . . .

. . . .

Deine Notizen

Das Ziel des Webinars ist es, eine Plattform zu bieten, auf der sich potenzielle Bewerber informieren und einen realistischen Eindruck von deinem Unternehmen erhalten können.

Mit dem kostenlos nutzbaren Videokonferenz-Tool Zoom (https://explore.zoom.us/de/products/meetings) ist dein Webinar schnell umgesetzt.

Schritt 2: Bewerbe das Webinar auf Social-Media, deiner Website und im Newsletter
Sobald dein Webinar fertig geplant ist beginnt die Bewerbung. Nutze alle verfügbaren Kanäle, um ein breites Publikum zu erreichen. Teile Informationen über das Webinar auf deinen Social-Media-Kanälen. Platziere Informationen und Anmeldeformulare auf der Karriereseite oder auf der Startseite deiner Website. Informiere deine E-Mail-Abonnenten über das anstehende Webinar und ermutige sie, die Information in ihren Netzwerken zu teilen.

Stelle sicher, dass deine Werbematerialien ansprechend und informativ sind und alle wichtigen Details zum Webinar enthalten.

Schritt 3: Nutze die Chance, Fragen zu beantworten, Kontakte zu sammeln und dich vorzustellen
Während des Webinars solltest du die Gelegenheit nutzen, direkt mit potenziellen Bewerbern zu interagieren. Beantworte Fragen, die während der Veranstaltung gestellt werden, und biete zusätzliche Kontaktmöglichkeiten an, falls Teilnehmer weitere Fragen nach dem Webinar haben.

Nutze das Webinar auch, um Kontaktdaten zu sammeln. Du kannst ein Anmeldeformular für das Webinar verwenden, um E-Mail-Adressen und andere relevante Informationen zu sammeln, die für zukünftige Rekrutierungsbemühungen nützlich sein können.

Ein Webinar für potenzielle Bewerber ist eine hervorragende Möglichkeit, dein Unternehmen als attraktiven Arbeitgeber zu präsentieren und gleichzeitig mit talentierten Kandidaten in Kontakt zu treten. Durch die Bereitstellung wertvoller Informationen, die gezielte Bewerbung des Webinars und die aktive Interaktion mit den Teilnehmern kannst du das Interesse an deinem Unternehmen steigern und einen Talentpool für zukünftige Einstellungen aufbauen.

6.2 Online-Netzwerkveranstaltungen

Online-Netzwerkveranstaltungen sind nicht nur ideal, um geschäftliche Beziehungen zu pflegen, sondern auch um potenzielle neue Mitarbeiter zu gewinnen. In der digitalen Welt bieten sie eine effiziente Plattform, um Talente anzuziehen und dein Unternehmen als attraktiven Arbeitgeber zu präsentieren. Hier sind drei Schritte, um Online-Netzwerkveranstaltungen für die Mitarbeiterakquise effektiv zu nutzen.

Schritt 1: Teilnahme an branchenrelevanten Online-Events oder Messen
Suche nach Online-Veranstaltungen, die sich auf deine Branche konzentrieren und wo potenzielle Kandidaten für dein Unternehmen teilnehmen könnten. Wähle dabei Veranstaltungen aus, die sich an Fachleute richten, die für deine offenen Stellen geeignet sind. Berücksichtige Veranstaltungen, die Themen wie Karriereentwicklung oder Branchentrends behandeln, da diese oft von aktiven Jobsuchenden besucht werden. Nutze berufliche Netzwerkplattformen wie LinkedIn, um Veranstaltungen zu finden, die sich auf Karriereentwicklung oder Networking konzentrieren.

Schritt 2: Aktive Beteiligung und Kontaktaufnahme
Nutze diese Veranstaltungen, um dein Unternehmen zu präsentieren und mit potenziellen Kandidaten in Kontakt zu treten. Stelle dich und dein Unternehmen vor und erläutere, welche Art von Talenten du suchst. Beteilige dich an Diskussionen und zeige deine Expertise und Unternehmenskultur. Nutze die Möglichkeit, direkt mit Teilnehmern in Kontakt zu treten, die als potenzielle Kandidaten für dein Unternehmen infrage kommen könnten.

Schritt 3: Nachbereitung und Weiterverfolgung von Kontakten
Nach der Veranstaltung ist eine gezielte Nachbereitung entscheidend, um die Kontakte zu potenziellen Bewerbern zu vertiefen. Vernetze dich mit ihnen auf LinkedIn und anderen beruflichen Netzwerken. Biete weitere Informationen über offene Stellen an und lade sie ein, sich auf konkrete Positionen zu bewerben oder für zukünftige Möglichkeiten in Kontakt zu bleiben.

Durch die Nutzung von Online-Netzwerkveranstaltungen als Teil deiner Rekrutierungsstrategie kannst du effektiv mit potenziellen Bewerbern interagieren und sie für dein Unternehmen interessieren. Indem du deine Teilnahme strategisch planst, aktiv Beziehungen aufbaust und konsequent Kontakte nachverfolgst, kannst du ein starkes Netzwerk an Talenten aufbauen und dein Unternehmen als bevorzugten Arbeitgeber positionieren.

6.3 Online-Empfehlungsprogramm

Ein Online-Empfehlungsprogramm kann ein äußerst effektives Instrument sein, um hochqualifizierte Kandidaten für offene Stellen zu gewinnen. Durch die Nutzung des Netzwerks deiner Mitarbeiter kannst du potenzielle Bewerber erreichen, die möglicherweise sonst nicht auf deine Stellenanzeigen aufmerksam würden. Wie du ein erfolgreiches Online-Empfehlungsprogramm in deinem Unternehmen implementierst erfährst du in diesen drei Schritten.

Schritt 1: Starte ein Programm, bei dem Mitarbeiter online Bewerber empfehlen können
Entwickle ein System, in dem deine Mitarbeiter einfach und effizient potenzielle Kandidaten für offene Stellen empfehlen können. Dies kann über eine interne Plattform oder ein speziell entwickeltes Online-Formular geschehen. Stelle sicher, dass das System benutzerfreundlich ist und dass Mitarbeiter leicht darauf zugreifen können. Zu Beginn kann auch eine für diesen Zweck eingerichtete E-Mail Adresse ausreichend sein.

Erkläre klar die Anforderungen für die zu besetzenden Positionen, damit Mitarbeiter wissen, welche Art von Kandidaten geeignet ist. Biete Leitlinien darüber, wie eine Empfehlung abgegeben werden sollte, einschließlich benötigter Informationen über den Kandidaten.

Schritt 2: Biete Anreize für erfolgreiche Empfehlungen
Um deine Mitarbeiter zur Teilnahme am Empfehlungsprogramm zu motivieren, ist es wichtig, attraktive Anreize zu bieten. Dies kann in Form von Boni, Gutscheinen, zusätzlichen Urlaubstagen oder anderen Belohnungen sein. Entscheide, welche Anreize du anbieten möchtest, und stelle sicher, dass sie attraktiv genug sind, um die Teilnahme am Programm zu fördern. Kläre, wann und wie die Belohnungen vergeben werden, zum Beispiel nach erfolgreicher Einstellung und einer bestimmten Probezeit des empfohlenen Kandidaten.

Schritt 3: Bewerbe das Programm intern
Eine effektive interne Promotion ist entscheidend, um das Bewusstsein und die Teilnahme am Empfehlungsprogramm zu erhöhen. Nutze dafür interne Kommunikationskanäle wie E-Mail-Newsletter, Intranet oder Mitarbeitermeetings, um das Programm vorzustellen und zu erklären. Erstelle ansprechende und informative Inhalte, die das Programm und seine Vorteile hervorheben. Ermutige Führungskräfte und Manager, das Programm aktiv zu unterstützen und zu bewerben.

Durch die Implementierung eines Online-Empfehlungsprogramms kannst du das Netzwerk deiner bestehenden Mitarbeiter nutzen, um qualifizierte und passende Bewerber zu finden. Solche Programme können nicht nur die Qualität der Bewerber verbessern, sondern auch die Bindung und Zufriedenheit der Mitarbeiter steigern, indem sie aktiv in den Rekrutierungsprozess einbezogen werden. Mit den richtigen Anreizen und einer effektiven internen Promotion kannst du ein starkes Empfehlungsprogramm aufbauen, das deinem Unternehmen langfristig zugutekommt.

klare Beschreibung und Anforderungen an. Berichte über Mitarbeiterkarrieren oder Projekte, die die Vielfalt und Dynamik der Karrierewege in deinem Unternehmen aufzeigen.

Schritt 3: Achte auf eine persönliche Note in den Mails, um die Bindung zu stärken
Eine persönliche Note kann einen großen Unterschied in der Wahrnehmung deines Newsletters machen. Verwende, wenn möglich, personalisierte Anreden, um eine direktere Verbindung herzustellen. Überlege, ob du Umfragen oder Feedback-Optionen einbauen kannst, um die Interaktion zu fördern. Biete die Möglichkeit, bei Fragen direkten Kontakt mit einer realen Person aufzunehmen, um das Engagement zu verstärken.

Ein gut durchdachter Job-Newsletter kann ein zentraler Bestandteil deiner Talentakquisitionsstrategie sein. Durch die Bereitstellung regelmäßiger, informativer und persönlicher Inhalte kannst du ein Netzwerk von Interessenten aufbauen, die bereits mit deinem Unternehmen vertraut sind und sich für eine Karriere bei dir interessieren könnten. Eine offene und einladende Kommunikation in deinem Newsletter kann die Grundlage für zukünftige berufliche Beziehungen legen.

6.6 Mitarbeitergewinnung über TikTok

TikTok (https://www.tiktok.com) hat sich als eine dynamische und weitreichende Plattform etabliert, die auch für die Mitarbeitergewinnung genutzt werden kann. Mit seiner jungen und engagierten Nutzerbasis ist TikTok ideal, um insbesondere jüngere Talente anzusprechen und dein Unternehmen als modernen und attraktiven Arbeitgeber zu präsentieren. Hier sind drei Schritte, um TikTok effektiv für die Mitarbeitergewinnung zu nutzen.

Schritt 1: Erstelle ansprechende und authentische TikTok-Inhalte
Der erste Schritt ist die Erstellung von Inhalten, die speziell auf die TikTok-Community zugeschnitten sind. Teile Videos, die einen Einblick in

deine Unternehmenskultur geben. Zeige, wie es ist, bei dir zu arbeiten – von Team-Events bis hin zu Alltagssituationen im Büro. Stelle verschiedene Teammitglieder in kurzen Videos vor, in denen sie über ihre Rolle und Erfahrungen im Unternehmen sprechen. Erstelle Inhalte, die spezielle Karrierechancen oder offene Stellen hervorheben, und erkläre, was diese Positionen besonders macht.

Denke daran, dass TikTok ein visuelles Medium ist, das Kreativität und Originalität schätzt. Sei authentisch und nutze den einzigartigen Stil der Plattform. Nehme dich und dein Unternehmen dabei nicht zu ernst und zeige dich entspannt und locker.

Schritt 2: Nutze Hashtags und Trends
Um die Sichtbarkeit deiner Inhalte auf TikTok zu erhöhen, ist es wichtig, relevante Hashtags und aktuelle Trends zu nutzen. Verwende Hashtags, die mit deiner Branche oder den spezifischen Karrierechancen in deinem Unternehmen zusammenhängen. Beteilige dich an relevanten Trends oder Challenges, um die Reichweite zu erhöhen und deine Marke auf eine unterhaltsame Art und Weise zu präsentieren.

Schritt 3: Fördere Interaktion und Dialog
Interaktion ist der Schlüssel zum Erfolg auf TikTok. Nutze die Plattform, um einen Dialog mit potenziellen Bewerbern zu starten. Antworte auf Kommentare und Nachrichten, um eine Verbindung mit deinem Publikum aufzubauen. Nutze TikTok-Live-Sessions, um Fragen zur Arbeit in deinem Unternehmen zu beantworten oder um Details zu offenen Stellen zu geben. Ermutige die Zuschauer in deinen Videos, sich bei Interesse an einer Stelle zu bewerben oder deine Karriereseite zu besuchen.

Durch die Nutzung von TikTok kannst du dein Unternehmen einer jüngeren Zielgruppe präsentieren und auf kreative und dynamische Weise mit potenziellen Bewerbern in Kontakt treten. Indem du ansprechende Inhalte erstellst, Hashtags und Trends clever nutzt und aktiv mit deinem Publikum interagierst, kannst du TikTok effektiv für die Mitarbeitergewinnung einsetzen. Denke daran, Authentizität und Kreativität sind auf dieser Plattform besonders wichtig.

6.7 Employer Branding

Employer Branding ist entscheidend, um sich als bevorzugter Arbeitgeber zu positionieren und die besten Talente anzuziehen. In einer zunehmend vernetzten Welt spielt die Online-Präsenz dabei eine zentrale Rolle. Wie du eine effektive Employer Branding-Strategie für dein Unternehmen entwickelst erfährst du in diesen drei Schritten.

Schritt 1: Erstelle eine Strategie, um dein Unternehmen als attraktiven Arbeitgeber online zu positionieren
Beginne mit der Entwicklung einer klaren Employer Branding-Strategie, die darauf abzielt, dein Unternehmen online als attraktiven Arbeitgeber darzustellen. Definiere dafür zunächst, wer deine idealen Kandidaten sind und was sie von einem Arbeitgeber erwarten. Definiere danach die Kernbotschaften deiner Arbeitgebermarke. Was macht dein Unternehmen einzigartig? Welche Werte und Kulturelemente möchtest du hervorheben? Überlege abschließend, was dein Unternehmen von Wettbewerbern abhebt und wie du dies in deiner Kommunikation betonen kannst.

Schritt 2: Nutze Content, Videos und Testimonials
Content ist ein mächtiges Werkzeug, um deine Employer Brand zu stärken. Nutze verschiedene Formate, um deine Botschaft zu vermitteln. Erstelle Blogposts, Artikel und Infografiken, die Einblicke in die Arbeitskultur, Mitarbeitergeschichten und Karriereentwicklungsmöglichkeiten bieten. Nutze Videos, um die Arbeitsatmosphäre, Mitarbeiterinterviews oder „Ein Tag im Leben"-Einblicke zu präsentieren. Echte Aussagen von Mitarbeitern können die Glaubwürdigkeit deiner Employer Brand erhöhen. Sammle und teile positive Mitarbeitererfahrungen und -geschichten.

Mit dem kostenlos nutzbaren Tool Canva (https://www.canva.com) kannst du visuelle Inhalte wie Infografiken, Postbilder oder Videos für dein Employer Branding erstellen.

Schritt 3: Bewerbe diesen Content zielgerichtet auf den geeigneten Plattformen
Nachdem du relevanten Content erstellt hast, ist es wichtig, ihn auf den richtigen Plattformen zu bewerben. Nutze deine Social-Media-Plattformen, um deinen Content zu teilen. Jede Plattform hat ihre eigene Dynamik und Zielgruppe – passe deine Inhalte entsprechend an. Auch deine eigene Website ist ein ideales Medium, um umfassende Informationen über deine Arbeitgebermarke bereitzustellen.

Employer Branding ist ein fortlaufender Prozess, der strategische Planung und konsistente Kommunikation erfordert. Durch die Entwicklung einer klaren Employer Branding-Strategie, die Erstellung von ansprechendem Content und die gezielte Promotion auf verschiedenen Plattformen kannst du dein Unternehmen als attraktiven Arbeitgeber positionieren und die besten Talente für dein Unternehmen gewinnen. Denke daran, Authentizität und Konsistenz sind entscheidend, um eine starke und glaubwürdige Arbeitgebermarke aufzubauen.

6.8 Videos über das Unternehmen

Videos sind ideal, um deine Unternehmenskultur lebendig und greifbar zu machen. Sie bieten dir die Möglichkeit, potenziellen Mitarbeitern und Kunden einen authentischen Einblick in dein Unternehmen zu geben. Hier erfährst du in drei Schritten, wie du effektiv Videos über dein Unternehmen produzierst und teilst.

Schritt 1: Produziere Videos, die den Arbeitsalltag, Team-Events oder Mitarbeiterinterviews zeigen
Beginne mit der Planung und Produktion von Videos, die verschiedene Aspekte deines Unternehmens beleuchten. Zeige beispielsweise, wie ein typischer Tag in deinem Unternehmen aussieht. Dies kann Einblicke in die Arbeitsumgebung, die Teamdynamik oder die täglichen Routinen beinhalten. Dokumentiere auch Veranstaltungen oder Teamaktivitäten, die die soziale Seite deines Unternehmens und den Zusammenhalt

Karrieremöglichkeiten in deinem Unternehmen geben. Erstelle Guides oder FAQs zu Bewerbungsprozessen, Karrierechancen und Arbeitsbedingungen in deiner Branche.

Schritt 3: Überwache die Ergebnisse und passe bei Bedarf an
SEO ist ein fortlaufender Prozess. Überwache regelmäßig die Leistung deiner Karriereseite.

Nutze kostenlose Tools wie Matomo (https://matomo.org), um zu sehen, wie Besucher auf deine Karriereseite gelangen und wie sie sich darauf verhalten. Überprüfe hier zudem, wie gut deine Seite für die gewählten Keywords rankt, und passe deine SEO-Strategie bei Bedarf an. Sammle Feedback von Bewerbern über ihre Erfahrungen mit deiner Karriereseite und nimm entsprechende Anpassungen vor.

Durch die Optimierung deiner Karriereseite für Suchmaschinen kannst du die Sichtbarkeit deiner Stellenangebote erhöhen und mehr qualifizierte Bewerber anziehen. Indem du relevante Keywords berücksichtigst, wertvollen Content rund um Karrierethemen bereitstellst und deine SEO-Ergebnisse regelmäßig überwachst und anpasst, kannst du sicherstellen, dass deine Karriereseite sowohl für Suchmaschinen als auch für potenzielle Bewerber attraktiv ist.

6.10 Kununu-Management

Kununu ist in Europa die größte Plattform, auf der Mitarbeiter und Bewerber Feedback über Unternehmen hinterlassen können. Ein proaktives Management deiner Kununu-Präsenz kann dazu beitragen, dein Unternehmen als attraktiven Arbeitgeber zu positionieren und wertvolle Einblicke in die Mitarbeiterzufriedenheit zu gewinnen. Wie du Kununu effektiv für dein Unternehmen nutzen kannst lernst du in den folgenden drei Schritten.

Schritt 1: Beobachte Bewertungen auf Kununu
Regelmäßige Überwachung der Bewertungen auf Kununu ist entscheidend, um ein aktuelles Bild darüber zu erhalten, wie dein Unternehmen wahrgenommen wird.

Richte dir regelmäßige Termine ein, um neue Bewertungen auf Kununu zu überwachen. Betrachte jede Bewertung sorgfältig, um ein umfassendes Verständnis der Stärken und Schwächen deines Unternehmens aus Mitarbeitersicht zu erhalten. Auch wenn nicht immer alle beschriebenen Details den Tatsachen entsprechen, so kannst du doch aus jeder Bewertung mindestens teilweise wertvolle Erkenntnisse ziehen. Achte hierzu auf wiederkehrende Themen oder Anliegen in den Bewertungen, um Bereiche zu identifizieren, die Verbesserungen benötigen.

Schritt 2: Nimm zu jeder Bewertung Stellung

Eine Antwort auf jede Bewertung zeigt, dass du das Feedback deiner Mitarbeiter und Bewerber ernst nimmst.

Verfasse individuelle und durchdachte Antworten auf jede Bewertung. Vermeide in jedem Fall generische oder automatisierte Antworten. Bedanke dich bei den Bewertenden für ihr Feedback, unabhängig davon, ob es positiv oder negativ ist. Bleibe auch bei kritischen Bewertungen professionell. Biete Lösungen oder weitere Schritte an, wenn Probleme angesprochen werden.

Schritt 3: Lerne aus jeder Bewertung

Nutze Kununu-Bewertungen als eine Chance, um zu lernen und Verbesserungen in deinem Unternehmen vorzunehmen.

Integriere das Feedback in deine internen Prozesse und Diskussionen über die Unternehmenskultur und Mitarbeiterzufriedenheit. Entwickle Maßnahmenpläne für häufig genannte Problembereiche. Teile, was du aus den Bewertungen gelernt hast, mit deinem Team und diskutiere mögliche Verbesserungsansätze.

Effektives Kununu-Management kann dazu beitragen, das Vertrauen in deine Marke als Arbeitgeber zu stärken und wertvolle Einblicke in die Wahrnehmung deines Unternehmens zu gewinnen. Indem du regelmäßig Bewertungen überwachst, auf jede Bewertung professionell reagierst und aus dem Feedback lernst, kannst du nicht nur das Image deines Unternehmens verbessern, sondern auch die Mitarbeiterzufriedenheit, -bindung und -findung erhöhen.

6.11 Deine Checkliste

Mit dieser Checkliste kannst du sicherstellen, dass alle wichtigen Aspekte zum Thema ´Mitarbeiter finden´ abgedeckt sind. Ich empfehle dir, diese Checkliste regelmäßig zu nutzen.

Zum einen, weil du und dein Umfeld sich stetig verändern und du damit „am Ball“ bleibst.

Zum anderen, weil du damit das Thema ‚Mitarbeiter finden' zu einer Routine machst und damit für dich zum Teil deines Alltags wird. Das schaffen nur die wenigsten deiner Wettbewerber und du bist damit langfristig erfolgreicher (Abb. 6.1).

Alle Checklisten dieses Buchs zum Ausdrucken und Arbeiten findest du als kostenlosen Download unter https://www.daniel-gremm.de/wp/wp-content/2023/11/Online-Marketing-ohne-Budget-Checklisten.pdf

DanielGremm

Mitarbeiter finden Checkliste

Webinar für potenzielle Bewerber:

- ☐ Online-Event organisiert.
- ☐ Webinar beworben.
- ☐ Kontakte gesammelt.

Online-Netzwerkveranstaltungen:

- ☐ Für branchenrelevante Online-Events angemeldet.
- ☐ Aktiv teilgenommen und Kontakte geknüpft.
- ☐ Kontakte nach dem Event weiterverfolgt.

Online-Empfehlungsprogramm:

- ☐ Programm gestartet.
- ☐ Anreize für Empfehlungen bereitgestellt.
- ☐ Programm intern beworben.

Blog-Posts über Unternehmenskultur:

- ☐ Artikel verfasst und geteilt.
- ☐ Beiträge auf Social Media geteilt.
- ☐ Mitarbeiter zum Teilen ermutigt.

Job-Newsletter:

- ☐ Job-Newsletter für Bewerber erstellt.
- ☐ Interessenten mit Infos versorgt.
- ☐ Persönliche Note in den Mails beibehalten.

Mitarbeitergewinnung über TikTok:

- ☐ TikTok-Inhalte erstellt.
- ☐ Hashtags und Trends genutzt.
- ☐ Interaktion und Dialog gefördert.

Employer Branding:

- ☐ Strategie erstellt.
- ☐ Content und Testimonials genutzt.
- ☐ Content zielgerichtet beworben.

Unternehmensvideos:

- ☐ Videos produziert.
- ☐ Auf Plattformen wie YouTube veröffentlicht.
- ☐ Videos geteilt.

SEO für Karriereseite:

- ☐ Karriereseite für SEO optimiert.
- ☐ Relevanten Content erstellt.
- ☐ SEO-Ergebnisse überwacht.

Kununu-Management:

- ☐ Bewertungen auf Kununu beobachtet.
- ☐ Auf Bewertungen geantwortet.
- ☐ Erkenntnisse aus Bewertungen gezogen.

Abb. 6.1 Checkliste „Mitarbeiter finden". (Quelle: Eigene Darstellung)

Deine Notizen

Deine Notizen

. . . .

7 Warum Web Analyse wichtig war, ist und bleibt

Keine Daten über das Kundenverhalten zu haben, ist keine Option. Lass mich das Fazit gleich vorweg nehmen. Denn ohne Wissen über und vom Kunden ist ein langfristiger wirtschaftlicher Erfolg überwiegend vom Faktor Glück abhängig. Im stationären Geschäft wie im Online-Business.

Deshalb stellt sich bei dem Thema Web Analyse nicht die Frage OB, sondern WELCHES. Konkret: Welches Tool nutzt du für die Auswertung und Optimierung deines Online-Marketings?

Seit 2005 kannst du beispielsweise das vermeintlich kostenlose Tool Google Analytics (https://analytics.google.com) nutzen. Vermeintlich deshalb, weil du hier zwar keine Lizenzkosten zahlst, jedoch deine generierten Daten Google ebenfalls zur Verfügung stellst. Da Google Analytics als klarer Marktführer zunehmend in den Fokus der Datenschutzbehörden kommt und auch der Datenaustausch mit außereuropäischen Unternehmen zunehmend kritisch beurteilt wird, würde ich zumindest temporär andere Anbieter bevorzugen.

Seit 2007 kannst du alternativ Matomo (https://matomo.org), damals noch unter dem Namen Piwik, zur Web Analyse nutzen. Matomo ist das zweitbeliebteste Tool in Deutschland. Im Vergleich zum

D. Gremm, *Online-Marketing ohne Budget*,
https://doi.org/10.1007/978-3-658-43779-4_7

Apropos Unternehmensstruktur: Auch die Arbeitszeiten dynamisieren sich stetig. 9 to 5 war gestern (eher vorgestern). Heute will nicht nur der Kunde dich zu anderen Zeiten sehen und hören, auch du als Mitarbeiter hast andere Vorstellungen von Arbeitszeit als deine Eltern oder Großeltern (Stichwort Work-Life-Balance). Dazu gehört heutzutage selbstverständlich auch das Thema Homeoffice.

Was ich dir damit sagen will: Wenn du dein Online-Marketing langfristig erfolgreich realisieren willst, muss auch der Rahmen stimmen. Dir bringen die besten Anleitungen nichts, wenn du in deinem Kopf oder um dich herum die Handbremse angezogen hast. Ich sage immer: Du kannst und willst zwar Autofahren, aber das Auto ist nicht vollgetankt und die Reifen sind platt.

Aus meiner Erfahrung scheitern die meisten Unternehmen nicht am Können, sondern am Wollen. Kläre deshalb u. a. bei den angeführten Punkten vorab, ob deine Online-Marketing-Pläne überhaupt eine Chance zum Gelingen haben. Sonst wirst du nur unnötigerweise enttäuscht.

Tool-Finder

Mit diesem Tool-Finder findest du schnell gute Werkzeuge, die du in deinem Online-Marketing produktiv einsetzen kannst. Außerdem siehst du sofort, zu welchem Ziel bzw. Kapitel sie gut passen und kannst dort direkt mehr über das Tool nachlesen.

Bewertungen

- EmbedSocial (Abschn. 2.4): https://embedsocial.com

Chat

- tawk.to (Abschn. 4.5): https://www.tawk.to

CMS (Content Management System)

- WP Super Cache (Abschn. 3.9): https://de.wordpress.org/plugins/wp-super-cache

D. Gremm, *Online-Marketing ohne Budget*,
https://doi.org/10.1007/978-3-658-43779-4

CRM (Customer Relationship Management)

- SuiteCRM (Abschn. 4.1): https://suitecrm.com

Forum/Online-Forum

- MyBB (Abschn. 4.7): https://mybb.com

Google Maps

- Google My Business (Abschn. 2.9, 5.8): https://www.google.com/intl/de_DE/business

Grafik

- Adobe Express (Abschn. 2.7): https://www.adobe.com/de/express
- Canva (Abschn. 3.6, 4.4, 6.7): https://www.canva.com
- Gimp (Abschn. 3.9): https://www.gimp.org

Keywords

- Google Trends (Abschn. 2.1, 3.2): https://trends.google.com/trends
- Google Keyword Planner (Abschn. 3.1, 6.9): https://ads.google.com/intl/de_de/home/tools/keyword-planner

KI (künstliche Intelligenz)

- ChatGPT (Abschn. 2.2, 3.4, 5.3, 5.6): https://openai.com/chatgpt

Newsletter

- Brevo (Abschn. 2.6, 4.1, 6.5): https://www.brevo.com/de

Podcast

- Spotify for Podcasters (Abschn. 3.8): https://podcasters.spotify.com

Projektmanagement

- Buffer (Abschn. 5.1): https://buffer.com
- Trello (Abschn. 2.10): https://trello.com/de

Shops

- WooCommerce (Abschn. 2.5): https://de.wordpress.org/plugins/woocommerce

SSL-Zertifikat

- Let's Encrypt (Abschn. 2.8): https://letsencrypt.org/de

Umfrage

- SurveyMonkey (Abschn. 2.1, 4.3): https://www.surveymonkey.de

Video

- Clipchamp (Abschn. 2.7): https://clipchamp.com/de/video-editor
- Zoom (Abschn. 3.5, 6.1): https://explore.zoom.us/de

Web Analyse

- Matomo (Abschn. 2.3, 6.9, Kap. 7): https://matomo.org/
- Pagespeed Insights (Abschn. 3.9, 6.9): https://pagespeed.web.dev